# 会计模拟实习

(第五版)

励景源　周杏芳　孙　华　编

**图书在版编目(CIP)数据**

会计模拟实习/励景源,周杏芳,孙华编. —5版.
—上海:立信会计出版社,2010.12
ISBN 978-7-5429-2706-4

Ⅰ.①会… Ⅱ.①励…②周…③孙… Ⅲ.①会计学 Ⅳ.①F230

中国版本图书馆CIP数据核字(2010)第236794号

---

### 会计模拟实习(第五版)

| | |
|---|---|
| 出版发行 | 立信会计出版社 |
| 地　　址 | 上海市中山西路2230号　　邮政编码　200235 |
| 电　　话 | (021)64411389　　传　真　(021)64411325 |
| 网　　址 | www.lixinaph.com　　电子邮箱　lxaph@sh163.net |
| 网上书店 | www.shlx.net　　电　话　(021)64411071 |
| 经　　销 | 各地新华书店 |
| 印　　刷 | 常熟市梅李印刷有限公司 |
| 开　　本 | 787毫米×1092毫米　　1/16 |
| 印　　张 | 26　　插　页　4 |
| 字　　数 | 388千字 |
| 版　　次 | 2010年12月第5版 |
| 印　　次 | 2016年7月第4次 |
| 印　　数 | 9301—11400 |
| 书　　号 | ISBN 978-7-5429-2706-4/F |
| 定　　价 | 39.00元 |

如有印订差错　请与本社联系调换

# 第五版前言

本书自1993年问世以来,已经历了五个版本的修订、补充。其间,我们国家的经济亦经历了翻天覆地的变化。财政部规定,自2007年起在上市公司范围内施行《企业会计准则体系》,鼓励其他企业执行。我们根据经济发展的现状,及时对本书作了修订,以满足读者的需要。

我们认为,基于簿记的手工会计实验不能忽视,更不能放弃。其理由有三:

第一,在市场经济条件下,财务分析、资金运作等高级财务手段更显重要,但是,其基础仍是会计核算,即记账、算账、报账。

第二,现阶段,工业企业逐渐由大城市向中小城市扩散,并且每时每刻都有新的工业企业在诞生,高校的会计专业学生有很大一部分还是要去工业企业就业,所以本书仍然以工业企业作案例,训练学生的基本会计知识与基本会计方法。

第三,财务软件虽然是每个会计人员必须掌握的基本工具,但是,离开了会计理论与会计技能,就无法掌握财务软件这一基本工具。

有鉴于此,会计实验依然肩负着双重任务——传统簿记能力的训练与会计信息技能的训练。

本书的再版就体现了这一双重任务的其中之一。

希望同行与读者提出宝贵意见,以帮助我们锻造精品教材。

编　者
2010.12

# 修订前言

随着财经院校教学的不断改革,会计模拟实习已愈来愈受到重视。

本实习是采用企业的真实资料,按照会计核算工作程序编写的,其目的是培养学生能综合地、系统地运用会计的方法和技术,独立进行会计核算的能力。

本实习先由周正云同志主持并与周杏芳、徐菊清、倪少俊同志写出初稿,作为学生的实习资料试用。在实习过程中,我们不断听取校内外师生意见,后由励景源同志主持,又改过二稿,加以完善、提高。并于1993年出版发行。

1994年,根据当时的新会计制度等情况,作了修订。因本实习主体单位为小规模纳税人,故不使用"增值税专用发票"。为了简化,外来发票也不增加增值税内容。由周杏芳、孙华、张维宾、励景源同志参加了修订,最后由孙华同志执笔,励景源同志定稿,是为第二版。

2000年,又在原有基础上再度进行修改,将实习主体单位改为一般纳税人企业,最新版由周杏芳、孙华参加修订,励景源进行审核,出版了第三版。

随着会计制度的发展变化,2004年,本书又作了修订,将原采用的会计科目改为财政部2001年起施行的《企业会计制度》所规定的会计科目名称,并修改了工资核算中的一些数据,增加了根据工资总额计提的各项基金及经费,这一版是为第四版。第四版由周杏芳修订,孙华进行审核。

应当说明,本书中涉及的一些工厂、商店等单位的名称和数字等,纯系虚构,望勿误解。

会计模拟实习是会计教学中的一个新尝试,由于编者经验不足,不妥及谬误之处在所难免,有待读者指教。

编　者

# 目 录

绪论 ······················································································· 1

**第一部分　实习指导** ····························································· 2
一、实习程序及参考进度 ···························································· 2
二、实习目的 ············································································ 2
三、实习主体 ············································································ 2
四、实习要求 ············································································ 4
五、实习规范 ············································································ 5
六、评分参考标准 ····································································· 6
七、实习参考答案 ····································································· 7

**第二部分　实习资料** ····························································· 9
八、会计科目、账页格式、期初余额、计划价格资料 ······················ 9
　　表一　本企业用会计科目表 ··············································· 9
　　表二　本实习使用的会计科目及账页格式 ··························· 10
　　表三　期初资产类账户余额表 ··········································· 12
　　表四　期初负债类和所有者权益类账户余额表 ···················· 13
　　表五　原材料、低值易耗品计划价格表 ······························ 14
九、××××年1月份发生的经济业务 ········································ 15
十、外来原始凭证及自制发票 ··················································· 27
十一、自制原始凭证及工作底稿 ················································ 155
　　附件一　主要原材料、辅助材料收、发、存汇总月报表 ······· 155
　　附件二　工资汇总表 ······················································ 163
　　附件三　材料成本差异分配计算表 ···································· 165
　　附件四　固定资产折旧计算汇总表 ···································· 167
　　附件五　大修理费用汇总表 ············································· 169
　　附件六　计提的职工福利费分配表 ···································· 171
　　附件七　各项基金、经费计算表 ······································· 173
　　附件八　电镀车间领用化工材料分配表 ····························· 179
　　附件九　废料退库表 ······················································ 179
　　附件十　材料发出加工汇总表 ·········································· 181
　　附件十一　电费分配表 ··················································· 181
　　附件十二　铜丝委托加工材料明细表 ································ 183

| 附件十三 | 煤气费用分配表 | 185 |
|---|---|---|
| 附件十四 | 水费分配表 | 185 |
| 附件十五 | "生产成本——辅助生产成本——机修车间"费用分配表 | 187 |
| 附件十六 | "生产成本——辅助生产成本——电镀车间"费用分配表 | 187 |
| 附件十七 | 一车间制造费用分配表 | 187 |
| 附件十八 | 设备竣工验收单 | 189 |
| 附件十九 | 在制品收发存汇总表 | 191 |
| 附件二十 | 按扣期末在产品成本计算表 | 195 |
| 附件二十一 | 弹簧扣期末在产品成本计算表 | 197 |
| 附件二十二 | 铆钉期末在产品成本计算表 | 199 |
| 附件二十三 | 产成品标准系数换算表 | 201 |
| 附件二十四 | 半成品成本计算表 | 203 |
| 附件二十五 | 自制半成品成本明细表 | 203 |
| 附件二十六 | 产品成本计算表 | 205 |
| 附件二十七 | 产品成本计算表 | 207 |
| 附件二十八 | 产品成本计算表 | 209 |
| 附件二十九 | 产品销售汇总表 | 211 |
| 附件三十 | 产成品收发存明细表 | 213 |
| 附件三十一 | 产成品生产、销售月结表 | 215 |
| 附件三十二 | 应收账款余额明细表 | 217 |
| 附件三十三 | 税金计算表 | 217 |
| 附件三十四 | 产品出库单(共14张) | 219 |
| 附件三十五 | 材料加工发出单、调拨单、领料单(共39张) | 229 |

十二、空白票据、报表(由本书提供) ……………………………… 267

1. 支票70张(包括备用数,下同) …………………………………… 267
2. 借款凭证2张 ………………………………………………………… 337
3. 贴现凭证2张 ………………………………………………………… 339
4. 信汇凭证3张 ………………………………………………………… 341
5. 进账单(格式一)18张 ……………………………………………… 343
6. 汇票委托书2张 ……………………………………………………… 361
7. 商业承兑汇票2张 …………………………………………………… 363
8. 进账单(格式二)1张 ………………………………………………… 365
9. 银行本票2张 ………………………………………………………… 367
10. 银行汇票(二联,有背书)各3张 …………………………………… 369
11. 银行承兑汇票2张 …………………………………………………… 375
12. 还款凭证4张 ………………………………………………………… 377
13. 本票申请书2张 ……………………………………………………… 381
14. 工会经费缴款书2张 ………………………………………………… 383
15. 资产负债表1张 ……………………………………………………… 385

16. 利润表 1 张 ································································· 385
 十三、外购空白会计凭证、账页等（本书只提供样张）····························· 387
  1. 收入凭证 30 张（包括备用数，下同）··········································· 387
  2. 付出凭证 120 张 ····························································· 387
  3. 转账凭证 110 张 ····························································· 389
  4. 收料单 40 张 ································································ 389
  5. 凭证封面、封底各 7 张 ······················································· 391
  6. 账簿启用及接交表 3 张 ······················································· 393
  7. 科目汇总表 6 张 ····························································· 395
  8. 多栏式明细账页（14 栏金额分析式）25 张 ······································ 397
  9. 三栏式总账、明细账页 50 张 ··················································· 399
  10. 横线登记式账页 8 张 ························································ 401
  11. 三栏式日记账页 15 张 ······················································· 403
  12. 数量金额式账页 10 张 ······················································· 405
  13. 生产成本明细账（产品成本计算单）10 张 ······································ 407
  14. 应交税费——应交增值税明细账 1 张 ··········································· 409

后记 ································································································· 411

# 绪 论

　　财经专业特别是会计、审计专业学生不仅要有扎实的经济理论基础和初步的经济管理知识,还要有较强的实践操作能力,而学生的实践能力有无必要由学校里培养?我们经过大量的社会调查认为:有必要。据调查,在本科毕业生中,从事科研、教学的人数约占毕业生人数的10%,分配在企事业从事实际经济工作的约占90%。因此,大量学生亟待解决的是实践能力问题而不是理论知识问题,通俗点说就是到了工厂、商店等企业内如何以最快的速度最短的时间适应具体会计业务工作。而对从事科研、教学的人员来说,如果不接触实际,理论研究必然无法解决现实社会经济问题,课堂教学也只能照本宣科。在专科毕业生中,分配在企业从事实际经济工作的约占98%左右,拿立信会计学院来说,连续抽样两届毕业生的供需见面,企事业单位有530个,占96%,除留校21人,占4%。几乎没有从事科研的人员。根据社会需要来确定培养目标,这是制定高等院校教学方针的唯一原则。既然社会需要财经专业绝大多数毕业生从事实际工作,那么我们的课程设置、教学内容和教学方法就要适应这一要求。为了使学生一毕业就能胜任实际工作,缩小理论与实际的距离,在学习期间就注意培养学生的实践能力是完全必要的。

　　那么,学生的实践能力能不能在学校里培养?我们的回答是肯定的,办法就是在学校里建立会计实验室。以往,财经专业的学生大多依靠下工厂、下商店等途径来培养、锻炼和提高其实践能力。多年的实践证明,下厂、下店的实习,结果往往是流于形式,达不到预期效果,这里有三个原因:第一,经济管理,特别是会计管理方面的记录,有很强的法律严肃性和一定的保密性,接受实习的单位对让从未接触过凭证、账册和报表的学生从事这类实习,往往不大放心。第二,学生除了书本知识外,既无生产经验,又无社会经验,在实习过程中,事事要实习单位人员带教,既占用了企业财务人员的有效工时,又影响了企业的财务工作流程,企业一般难以承受。第三,学生的独立工作、学习能力较弱,自觉性、主动性不强,实习效果欠佳。

　　根据上面所述的三个原因,我们可以把下厂、下店实习的弊端归纳如下:客观上,接受实习的单位往往认为给他们增添麻烦;主观上,学生在无教师管理的环境中,容易放任自流,所学甚少。建立会计实验室,在学校里为学生创造条件,可以达到下厂、下店同样的效果。而要使这一场所真正成为学生的实践基地,最重要的是选择恰当的实习主体。我们根据学生毕业后的主要工作分配去向,选择了以工业企业为实习主体。这一套模拟实习就是移植了一段真实的工厂业务,让学生在身历其境中提高实际经济事务处理能力。3年多的探索和努力证明,在校内建立的会计实验室,能够提供下厂、下店的同样条件,达到提高学生实际操作能力的目的。学生和教师都认为,会计实习不是可有可无的一门课程,而是走向社会、走向企业、走向工作岗位所必须经过的途径。

# 第一部分　实习指导

## 一、实习程序及参考进度（以每天工作六课时，三周为例）

仔细阅读第一部分——实习指导，否则你会感到束手无策。严格按实习程序规定步骤去做，切不可自行其是。（1天）

1. 按表二的要求，开设好各种格式的账页（为节省账页，每张账页正反面各设1个账户）。（半天）
2. 把表三、表四的期初数逐笔过入各日记账、明细账及总账，并认真核对，以防过错。（半天）
3. 根据经济业务的要求或提示，找到或填制原始凭证，然后根据原始凭证编制记账凭证。（5天）
4. 根据表二提示的账页格式要求，由记账凭证登记各种明细账，并及时与本实习的答案提示核对，正确无误后方可进行下一步工作。（1天）
5. 对各种费用进行汇集和正确分摊后，可以计算产成品成本。首先按定额计算在产品成本，然后结出本期产成品成本。产品成本计算公式及具体实例由第7页"七、实习参考答案"说明。（本期生产费用累计数－在产品成本＝本期产成品成本）（1天）
6. 结出各种账户余额并将各损益类账户结转"本月利润"账户。（2天）
7. 记账凭证做完后，据此继续登记日记账及各类明细账。（3天）
8. 将1～10日、11～20日、21～31日的所有记账凭证，按科目每10天汇总一次，登记在科目汇总表上，并据此登入总账。（1天）
9. 经总账与有关明细账及日记账核对无误后，最后编制资产负债表与利润表。（1天半）
10. 填好凭证封面，装订凭证，将所有实习资料完整地交给老师。（1天）

## 二、实习目的

通过本实习，学生比较系统地练习工业企业会计核算的基本程序和具体方法，加强对基本理论的理解、基本方法的运用和基本技能的训练，达到理论教学与会计实务的统一；提高会计专业学生记账、算账、报账、用账的实际操作能力，为他们毕业后参加财经工作，打下扎实的基础。

## 三、实习主体

本实习主体是五金加工厂，厂名为"上海大力五金厂"。

## (一) 机构及人员

全厂在职职工为33人。在职职工中:科室干部为4人。

基本生产车间有一车间、二车间和三车间。

一车间为产品生产车间,分为二个小组。第一小组8人,生产按扣;第二小组5人,生产弹簧扣;车间管理人员1人。

二车间为半成品生产车间,工人5人,生产铆钉毛坯,将半成品(毛坯)提供给三车间;车间管理人员1人。

三车间为产品生产车间,工人4人,生产铆钉光坯成品,车间管理人员1人。

辅助生产车间有2个。四车间为电镀车间,工人2人。五车间为机修车间,工人2人。

## (二) 产品生产工艺及主要原材料

1. 按扣:有三个规格,1#、2#、3#。主要原材料:锌皮、黄铜丝。残料需回收。
工序:按扣分为面子、底片。面子:上料→面片(装有弹簧);底片:投料→底圈。
2. 弹簧扣:有两个规格,1#、2#。主要原材料:锌皮、黄铜丝。残料需回收。
工序:弹簧扣分上下片工序。上片:上冲→落料成形(装有弹簧);下片:拉墙→圈边。
3. 铆钉:有三个规格:1#(大号)、2#(中号)、3#(小号)。主要原材料:黄铜皮、珠光片。残料需回收。

## (三) 财务科概况

1. 人员:出纳员1人,会计1人。
2. 银行开户:上海工商银行长宁区延安西路分理处。银行存款结算户账号:7844511长宁区办延分处;社保基金专户账号:4106836715 工商银行长宁支行;税务登记号310507100492034。
3. 会计核算程序:该企业采用科目汇总表会计核算程序。会计核算程序如图所示:

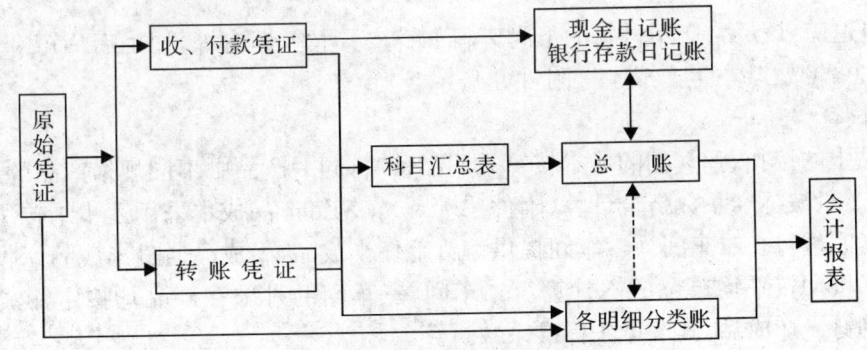

4. 记账方法及科目设置:采用借贷记账法;会计科目根据2007年1月1日财政部统一规定的会计科目名称和编号。
5. 银行结算方式:根据中国人民银行施行的新结算方式,采用标准的票据格式(为简化本

实习,不设银行票据登记簿,银行结算手续费从略)。

## 四、实习要求

1. 记账凭证的编号,以数字横线式表示。横线前数字表示凭证种类,"1"表示现金收入,"2"表示现金付出,"3"表示银行存款收入,"4"表示银行存款付出,"5"表示其他货币资金收入,"6"表示其他货币资金付出,"7"表示转账。横线后数字表示各类凭证的顺序号。如,"1-1"表示现金收入凭证的第一号,"7-1"表示转账凭证的第一号,以此类推。

2. 现金支票、转账支票、银行本票、银行承兑汇票、进账单、收料单等原始凭证,须根据经济业务自行填制。

3. 取得完整、正确的原始凭证后,方可序时编制收入、付出、转账凭证,同时,将原始凭证裁下附在记账凭证后面。现金、银行存款两者间的业务划转,需分别填制收入和付出凭证,但原始凭证必须附在付出凭证之后,收入凭证仅在摘要栏内注明即可。

4. 开设三栏式现金、银行存款日记账。

5. 根据表二、表三的总账科目,开设三栏式总账。每10天将所有记账凭证汇总在"科目汇总表"内。根据科目汇总表登记总账。

6. 开设有关明细分类账。根据会计凭证逐笔登记,按月结账,并与总账核对。账页格式根据表二、表三、表四要求设置。

7. 工资核算:该厂本月份发放工资数见"工资汇总表"(附件二),表中:

$$应发工资＝标准工资＋各种津贴＋各种奖金＋其他工资$$

$$实发工资＝应发工资＋独生子女费－扣款合计$$

8. 材料核算:

(1) 材料计价办法:材料成本由买价、外地运杂费组成。材料核算采用计划成本,具体详见"原材料、低值易耗品计划价格表"(表五)。

(2) 委托加工材料:该厂委托上海有色线材厂加工铜丝。发出材料为电解铜及锌板。发出材料按计划成本核算并分摊差异。加工完毕后也按计划成本核算并结转差异(附件十、十二)。

(3) 废料退库:该厂生产用材料的下脚废料如锌皮、铜丝、铜皮等,加工后均可利用。因此废料需退库,并冲减"基本生产成本"(附件九)。

9. 成本核算:

该厂产品中的按扣、弹簧扣的成本核算采用品种法,同一产品中不同规格产品的成本计算采用分类法,产量按标准系数折合计算(附件二十五)。铆钉产品成本采用逐步结转法,分为两个步骤两个车间进行。二车间为三车间提供铆钉毛坯半成品,半成品通过半成品库收发,所耗的半成品费用按加权平均单位成本计算。二车间、三车间的月末在产品均按定额成本计算。三车间生产铆钉光坯成品,其产量按标准系数折算。

(1) 原材料、辅助材料一次投入,在产品按定额成本计算(附件二十二、二十三、二十四)。

(2) 根据"领料单、调拨单、材料发出加工单(附件三十七)编制原材料收、发、存汇总表(附件一),根据上述汇总表及有关明细账编制材料成本差异分配表(附件三)。

$$差异率 = \frac{上期材料成本差异额 \pm 本期收入材料成本差异额}{上期材料计划成本 + 本期收入材料计划成本} \times 100\%$$

(3) 低值易耗品采用五五摊销法,差异在报废时结转。
(4) 职工福利费按工资总额×14%计提(附件六)。
(5) 职工教育经费,工会经费的计提:
① 职工教育经费按工资总额×1.5%计提。
② 工会经费按工资总额×2%计提。
(6) 电费分配:各车间、部门都装有电度表,按耗用数直接进行分配(附件十一)。
　　水费分配:分配方法与电费相同(附件十六)。
　　煤气分配:煤气主要是由电镀车间与食堂耗用,分配方法与电费相同(附件十五)。
(7) 固定资产折旧采用分类折旧法(附件四)。
(8) 大修理费用实行按实际发生额汇总(附件五)。
(9) 辅助生产车间成本核算与分配:
① 电镀车间按各产品电镀数量计算(附件八、附件十八)。
② 机修车间按计划成本(每一工时为6元)分配至各受益部门,差异由管理费用负担(附件十七)。
(10) 制造费用按产品生产工时分配(附件十九)。

10. 销售核算:
(1) 编制产品销售汇总表(附件三十六)。
按扣分内外销,内销以千只为单位,外销以盒为单位(1盒=1 728只)。
(2) 对销售业务,采用大多数企业通用的"抽单法"处理。即平时开出销货发票后,另放一处;根据收到货款的票据,借记银行存款等,贷记应收销货款。月终将所有发票按销售产品分类后汇总,根据汇总金额做一笔分录,借记应收销货款,贷记销售。然后再把所有发票与已收到货款的票据(如转账支票等)核对,对到后就作为收入凭证的附件,将对不到的发票逐笔登记在"应收销货款明细表"内,并另放一处,待下月再对。

11. 在建工程:自制冲床工程已竣工,办理竣工决算后投入使用(附件二十)。

12. 编制产成品、生产、销售月结表,发出产品计价采取月末一次加权平均法,单价算到小数点后四位,尾差放在期末余额中(附件三十三)。

13. 编制税金计算表,本企业属于一般纳税人,按销售额的17%征收率征收增值税;按实计增值税额的5‰缴纳城市维护建设税。

14. 编制产成品收发存明细表(附件三十二),并与产成品明细账、产品出库单(附件三十六)进行核对。

15. 各总分类账,明细分类账,日记账等核对无误并将两类资金全部划转后编制下列报表:
① 资产负债表。
② 利润表。

# 五、实习规范

要取得切实的实习效果,必须遵守《会计法》及《会计人员工作规则》。

## （一）账簿启用

账簿启用时，应在其扉页上载明企业名称、启用日期、起讫页数、会计主管人员和记账员姓名并签章。

## （二）簿记规则

1. 记账凭证的内容登入账簿后，同时应在记账凭证的"过账"栏内注明账簿的页码或作"√"标记，以免重登、漏登，并便于查阅。
2. 账簿必须用蓝黑墨水笔书写，凭证可用圆珠笔书写。
3. 账簿必须按页码顺序连续登记，不得隔页、跳行，如发生类似情况，应在空页或空行处用红色墨水笔画对角线。
4. "摘要"栏文字应简明扼要。"金额"栏数字如"元"后无"角"、"分"，应写作"00"，不能空格或用"—"代替。数字和文字的大小一般占书写行行距的 2/3，以保证账簿记录清晰、整洁，并为更正错误留有余地。
5. 每登满一页账页，应在最末一行加计本页发生额及余额，并在"摘要"栏内注明"转下页"，同时在下一页的首行记入上页的发生额及余额，并在"摘要"栏内注明"承上页"。
6. 登账时或登账后如发现差错，应根据错误的具体情况，采用"划线更正法"、"红字更正法"或"补充登记法"进行更改。不得刮擦、挖补、涂改，养成良好的记账习惯，以防篡改和舞弊。

## （三）职责分工

本实习可采用二人一组或四人一组进行，每张凭证至少有二人经手，一名由记账员或经手人签章，一名由复核人签章，有可能（四人一组）应有财务主管签章。以明确相互的职责。

## （四）装订成册

1. 将收款、付款、转账凭证分别按编号顺序排列，加具封面，装订成册。账页、报表也分别加具封面，装订成册。科目汇总表夹入其中。

# 六、评分参考标准

1. 分数等级：优$^+$——95 分以上
    优——90—95 分
    优$_-$——85—89 分
    良——80—84 分
    良$_-$——75—79 分
    中——70—74 分
    中$_-$——65—69 分
    及格——60—64 分
    不及格——60 分以下

2. 分数比例：正确性 40 分

    及时性 10 分

    整 洁 10 分

    规范化 20 分

    实习态度 10 分

    实习纪律 10 分

3. 扣分标准：

① 正确性：要求正确进行实习，关键数据，每错一笔扣 5 分；一般数据，每错一笔扣 2 分；借贷搞错，每错一笔扣 2 分。

② 及时性：要求按时交实习，每超过规定进度一天扣 2 分，超过 3 天后不得分。

③ 整洁：要求字体书写整齐、清楚，不能顶格并不得涂改，或用刀刮等，如不符合要求，每笔扣 1 分。

④ 规范化：填制凭证及登记账册，必须按照规范化要求，如不符合要求，每笔扣 1 分。

⑤ 实习态度：上课时必须认真听课及按时做好实习，要自己动手做，不能抄袭他人。

⑥ 实习纪律：实习期间不得迟到、早退及无故缺课。如有以上情况，迟到、早退每次扣 1 分，无故缺课每次扣 2 分。

## 七、实习参考答案

### （一）产品成本及计算说明

  按扣产品成本              117 471.73 元

  弹簧扣产品成本             82 529.95 元

  铆钉（毛坯）半成品成本          26 479.90 元

  铆钉（光坯）产品成本           57 812.08 元

产成品成本计算表说明（按扣）：

（1）"本月产量"栏：由第 29 笔业务提供，该栏下方需注"标准产量"，由附件二十五计算提供。

（2）"期初结余"、"本月发生额"、"累计数"、"期末余额"（即已告知的月末在产品定额成本）、"本期产成品实际成本"，均由"生产成本——基本生产成本——按扣"多栏式明细账提供。

该表的"单位成本"栏由"本期产成品实际成本"÷"本月生产量"得出。

（3）具体计算举例：

$$\text{该表下方表示原材料项目每标准产量的单位成本} = \frac{\text{本期产成品成本}}{\text{标准产量}} = \frac{39\,055.29}{14\,405} = 2.7112（元）$$

其中：1# 按扣本月生产产量 3 939 盒，标准产量 2 954 盒。

则： 1# 按扣本期标准产量成本 = 2.7112×2 954 = 8 008.88（元）

    $1^{\#} \text{按扣的单位成本} = \frac{8\,008.88}{3\,939} = 2.0332（元）$

## （二）附件三"材料成本差异分配计算表"中本期发生的差异及差异率

|  | 本期差异 | 差异率 |  | 本期差异 | 差异率 |
|---|---|---|---|---|---|
| 锌板 | 19.56 | 4.35% | 包装物 | 56.69 | 0.55% |
| 铜丝 | 2 625.01 | 3.17% | 其他 | 39.94 | 0.69% |
| 珠光片 | 164.64 | 0.68% | 钢材 | 31.57 | 0.36% |
| 锌皮 | 791.80 | −0.53% | 化工 | 562.86 | 0.19% |
| 铜皮 | 64.95 | 0.15% |  |  |  |

## （三）日记账期末余额

库存现金　　　　　　　　1 590.67 元
银行存款　　　　　　　　176 001.55 元

## （四）资产负债表中"资产总计"和"负债及所有者权益总计"均为 4 576 881.14 元

## （五）利润表中"利润总额"为 89 463.94 元

# 第二部分 实 习 资 料

## 八、会计科目、账页格式、期初余额、计划价格资料

表一　　　　　　　　**本企业用会计科目表**

| 科目编号 | 科目名称 | 科目编号 | 科目名称 | 科目编号 | 科目名称 |
|---|---|---|---|---|---|
|  | 一、资产类 | 1602 | 累计折旧 | 4101 | 盈余公积 |
| 1001 | 库存现金 | 1604 | 在建工程 | 4103 | 本年利润 |
| 1002 | 银行存款 | 1606 | 固定资产清理 | 4104 | 利润分配 |
| 1012 | 其他货币资金 | 1701 | 无形资产 |  | 四、成本类 |
| 1101 | 交易性金融资产 | 1901 | 待处理财产损溢 | 5001 | 生产成本 |
| 1121 | 应收票据 |  | 二、负债类 | 5101 | 制造费用 |
| 1122 | 应收账款 | 2001 | 短期借款 |  | 五、损益类 |
| 1123 | 预付账款 | 2201 | 应付票据 | 6001 | 主营业务收入 |
| 1212 | 其他应收款 | 2202 | 应付账款 | 6051 | 其他业务收入 |
| 1231 | 坏账准备 | 2203 | 预收账款 | 6111 | 投资收益 |
| 1401 | 材料采购 | 2211 | 应付职工薪酬 | 6301 | 营业外收入 |
| 1403 | 原材料 | 2221 | 应交税费 | 6401 | 主营业务成本 |
| 1404 | 材料成本差异 | 2231 | 应付利息 | 6403 | 营业税金及附加 |
| 1405 | 库存商品 | 2232 | 应付股利 | 6402 | 其他业务成本 |
| 1408 | 委托加工物资 | 2241 | 其他应付款 | 6601 | 销售费用 |
| 1409 | 低值易耗品 | 2501 | 长期借款 | 6602 | 管理费用 |
| 1410 | 自制半成品 |  | 三、所有者权益类 | 6603 | 财务费用 |
| 1511 | 长期股权投资 | 4001 | 实收资本 | 6711 | 营业外支出 |
| 1601 | 固定资产 | 4002 | 资本公积 | 6801 | 所得税费用 |

表二 **本实习使用的会计科目及账页格式**

| 科目编号 | 总账科目 | 子目 | 细目 | 账页格式 | 科目编号 | 总账科目 | 子目 | 细目 | 账页格式 |
|---|---|---|---|---|---|---|---|---|---|
| 1001 | 库存现金 | | | 三栏式日记账 | | | 铜皮 | | 三栏式 |
| 1002 | 银行存款 | 工商银行 工商银行 | 人民币社保基金专户 | 三栏式日记账 | | | 钢材 | | 三栏式 |
| 1012 | 其他货币资金 | 银行汇票存款 | | 三栏式 | | | 包装物 | | 三栏式 |
| | | 银行本票存款 | | 三栏式 | | | 铜丝 | | 三栏式 |
| | | 待转让支票 | | 三栏式 | | | 化工类 | | 三栏式 |
| 1101 | 交易性金融资产 | | | 三栏式 | | | 其他 | | 三栏式 |
| 1121 | 应收票据 | | | 三栏式 | 1405 | 库存商品 | 按扣 | | 三栏式 |
| 1122 | 应收账款 | | | 三栏式 | | | 弹簧扣 | | 三栏式 |
| 1221 | 其他应收款 | | | 三栏式 | | | 铆钉（光坯） | | 三栏式 |
| | | 出差借款 | | 三栏式 | 1408 | 委托加工物资 | | | 三栏式 |
| | | 其他 | | 三栏式 | 1409 | 低值易耗品 | 电动机 | | 三栏式 |
| 1401 | 材料采购 | 珠光片 | | （材料采购明细账账页）横线登记式 | 1410 | 自制半成品 | | | 数量金额式 |
| | | 锌皮 | | | 1601 | 固定资产 | | | 三栏式 |
| | | 锌板 | | | 1602 | 累计折旧 | | | 三栏式 |
| | | 铜皮 | | | 1604 | 在建工程 | 冲床 | | 三栏式 |
| | | 钢材 | | | | | 磨床 | | 三栏式 |
| | | 包装物 | | | 2001 | 短期借款 | | | 三栏式 |
| | | 化工类 | | | 2201 | 应付票据 | | | 三栏式 |
| | | 其他 | | | 2202 | 应付账款 | 水费 | | 三栏式 |
| 1403 | 原材料 | 珠光片 | | （材料明细账账页）数量金额式 | | | 电费 | | 三栏式 |
| | | 锌皮 | | | | | 煤气费 | | 三栏式 |
| | | 锌板 | | | | | 有色线材厂 | | 三栏式 |
| | | 铜皮 | | | | | 轻化公司二站 | | 三栏式 |
| | | 钢材 | | | 2211 | 应付职工薪酬 | | | 三栏式 |
| | | 包装物 | | | 2221 | 应交税费 | 应交增值税 | | 应交增值税明细账 |
| | | 化工类 | | | | | 应交城建税 | | 三栏式 |
| | | 其他 | | | | | 应交所得税 | | 三栏式 |
| | | 铜丝 | | | 2241 | 其他应付款 | 南昌制帽厂 | | 三栏式 |
| | | 废料 | | | | | 纸品批发部 | | 三栏式 |
| 1404 | 材料成本差异 | 珠光片 | | 三栏式 | | | 红桥服装厂 | | 三栏式 |
| | | 锌皮 | | 三栏式 | 2501 | 长期借款 | | | 三栏式 |
| | | 锌板 | | 三栏式 | 4001 | 实收资本 | | | 三栏式 |

(续表)

| 科目编号 | 总账科目 | 子目 | 细目 | 账页格式 | 科目编号 | 总账科目 | 子目 | 细目 | 账页格式 |
|---|---|---|---|---|---|---|---|---|---|
| 4101 | 盈余公积 | | | 三栏式 | | | | 租赁费 | |
| 4103 | 本年利润 | | | 三栏式 | | | | 机物料消耗 | |
| 4104 | 利润分配 | | | | | | | 低值易耗品摊销 | |
| | | 提取盈余公积 | | 三栏式 | | | | 其他 | |
| | | 未分配利润 | | 三栏式 | | | 二车间 | 细目同上 | 多栏式 |
| 5001 | 生产成本——基本生产成本 | 按扣 | | 成本计算单 | | | 三车间 | 细目同上 | 多栏式 |
| | | | 主要材料 | | 6001 | 主营业务收入 | 按扣 | | 三栏式 |
| | | | 辅助材料 | | | | 弹簧扣 | | 三栏式 |
| | | | 工资及福利费 | | | | 铆钉(光坯) | | 三栏式 |
| | | | 动力 | | 6051 | 其他业务收入 | | | 三栏式 |
| | | | 电镀费用 | | 6111 | 投资收益 | | | 三栏式 |
| | | | 制造费用 | | 6401 | 主营业务成本 | 按扣 | | 三栏式 |
| | | 弹簧扣 | 细目同上 | 成本计算单 | | | 弹簧扣 | | 三栏式 |
| | | 铆钉(毛坯) | 细目同上 | 成本计算单 | | | 铆钉(光坯) | | 三栏式 |
| | | 铆钉(光坯) | 细目同上，增加：上一步转入的半成品 | 成本计算单 | 6402 | 其他业务成本 | | | 三栏式 |
| | 生产成本——辅助生产成本 | 电镀车间 | | 多栏式 | 6403 | 营业税金及附加 | | | 三栏式 |
| | | | 化工材料 | | 6601 | 销售费用 | | | 三栏式 |
| | | | 工资 | | 6602 | 管理费用 | | | 多栏式 |
| | | | 福利费 | | | | | 差旅费 | |
| | | | 折旧费 | | | | | 办公费 | |
| | | | 修理费 | | | | | 制图费 | |
| | | | 办公费 | | | | | 租赁费 | |
| | | | 水电煤气费 | | | | | 试验费 | |
| | | | 机物料消耗 | | | | | 折旧费 | |
| | | | 劳动保护费 | | | | | 修理费 | |
| | | | 其他 | | | | | 工资 | |
| | 生产成本——辅助生产成本 | 机修车间 | 细目同上(除"化工材料"外) | 多栏式 | | | | 福利费 | |
| | | | | | | | | 劳动保险费 | |
| | | | | | | | | 业务招待费 | |
| 5101 | 制造费用 | 一车间 | | 多栏式 | | | | 工会经费 | |
| | | | 工资 | | | | | 水电费 | |
| | | | 福利费 | | | | | 保险费 | |
| | | | 折旧费 | | | | | 其他 | |
| | | | 修理费 | | 6603 | 财务费用 | | | 三栏式 |
| | | | 办公费 | | 6711 | 营业外支出 | | | 三栏式 |
| | | | 水电费 | | 6801 | 所得税费用 | | | 三栏式 |

表三

## 期初资产类账户余额表

××××年1月份

| 编号 | 账户名称 | 期初金额 | 其 中 | | 编号 | 账户名称 | 期初金额 | 其 中 | |
|---|---|---|---|---|---|---|---|---|---|
| 1001 | 库存现金 | 1 118.50 | | | | | | 铜皮 | −16.87 |
| 1002 | 银行存款 | 149 760.55 | 人民币户 | 144 760.55 | | | | 包装 | 169.12 |
| | | | 社保基金专户 | 5 000.00 | | | | | |
| 1012 | 其他货币资金 | 0 | | | | | | 钢材 | 26.85 |
| 1101 | 交易性金融资产 | 11 000.00 | | | | | | 其他 | 94.06 |
| 1121 | 应收票据 | 0 | | | | | | 化工 | −272.63 |
| 1122 | 应收账款 | 98 879.50 | （详见下页） | | | | | 低值易耗品 | 1.50 |
| 1221 | 其他应收款 | 8 112.00 | 其他 | 8 112.00 | 1405 | 库存商品 | 186 839.91 | 按扣 | 102 058.35 |
| 1401 | 材料采购 | 0 | | | | | | 弹簧扣 | 37 788.04 |
| 1403 | 原材料 | 252 491.94 | 锌板 | 102.50 | | | | 铆钉 | 46 993.52 |
| | | | 铜丝 | 47 280.00 | 1408 | 委托加工物资 | 13 186.11 | | |
| | | | 珠光片 | 3 012.00 | 1409 | 低值易耗品 | 39.20 | 电动机 | 39.20 |
| | | | 锌皮 | 57 420.00 | 1410 | 自制半成品 | 6 966.92 | | |
| | | | 铜皮 | 6 854.44 | | | | 铆钉（毛坯） | 800千只 |
| | | | 包装 | 17 308.30 | 1601 | 固定资产 | 4 551 746.04 | | |
| | | | 其他 | 14 191.20 | 1602 | 累计折旧 | 1 344 400.00 | | |
| | | | 钢材 | 13 566.70 | 1604 | 在建工程 | 78 392.98 | 冲床 | 37 517.76 |
| | | | 化工 | 77 934.00 | | | | 磨床 | 40 875.22 |
| | | | 废料 | 14 822.80 | 4101 | 生产成本——基本生产成本（详见下页） | 126 611.70 | 按扣 | 56 096.51 |
| 1404 | 材料成本差异 | −2 891.27 | 锌板 | 72.10 | | | | 弹簧扣 | 40 743.98 |
| | | | 铜丝 | 124.20 | | | | 铆钉（毛坯） | 8 863.91 |
| | | | 珠光片 | −21.30 | | | | 铆钉（光坯） | 20 907.30 |
| | | | 锌皮 | −3 068.30 | | | | | |

"表三"中"生产成本——基本生产成本"及应收账款明细资料如下。

## (一)"生产成本——基本生产成本"明细账期初余额

| 产品名称 | 余 额 | 其中:主要材料 | 辅助材料 | 工资及福利费 | 制造费用 | 动 力 | 电镀费用 | 上一步转来的半成品 |
|---|---|---|---|---|---|---|---|---|
| 按扣 | 56 096.51 | 35 810.21 | 6 483.21 | 1 789.42 | 12 013.67 | — | — | |
| 弹簧扣 | 40 743.98 | 35 810.20 | 3 510.14 | 511.34 | 912.30 | — | — | |
| 铆钉(毛坯) | 8 863.91 | 8 440.39 | — | 195.57 | 227.95 | | | |
| 铆钉(光坯) | 20 907.30 | 4 909.19 | — | 586.71 | 683.86 | | | 14 727.54 |

## (二)应收账款明细账期初余额

市五金交电公司去年12月4日　　发票号#1652 计 29 601元(款在1月份收)
市印七厂去年12月18日　　　　发票号#1714 计 21 529.87元
人民电机厂去年12月25日　　　发票号#1789 计 23 761.76元
中轻公司去年12月26日　　　　发票号#1801 计 23 986.87元

## 表四 期初负债类和所有者权益类账户余额表

××××年1月份

| 编号 | 账户名称 | 期初金额 | 其中 | | 编号 | 账户名称 | 期初金额 | 其中 | |
|---|---|---|---|---|---|---|---|---|---|
| 2001 | 短期借款 | 190 000.00 | 临时借款 | 190 000.00 | 2211 | 应付职工薪酬 | 30 543.92 | | |
| 2201 | 应付票据 | 2 010.00 | | | 2221 | 应交税费 | 0 | | |
| 2202 | 应付账款 | 41 480.41 | 有色线材厂 | 29 610.03 | 2241 | 其他应付款 | 0 | | |
| | | | 轻化公司二站 | 7 694.40 | 2501 | 长期借款 | 40 000.00 | | |
| | | | 南昌制帽厂 | 1 078.70 | 4001 | 实收资本 | 3 807 000.00 | | |
| | | | 纸品批发部 | 3 032.73 | 4101 | 盈余公积 | 26 819.75 | | |
| | | | 红桥服装厂 | 58.57 | | | | | |
| | | | 新华街道 | 5.98 | | | | | |

表五　**原材料、低值易耗品计划价格表**

金额单位：元

| 项　目 | 计量单位 | 单　价 | 项　目 | 计量单位 | 单　价 |
|---|---|---|---|---|---|
| 一、原材料： | | | 氯化亚锡 | 千克 | 16.00 |
| 1. 铜皮类： | | | 7. 包装类： | | |
| 铜皮 | 千克 | 6.22 | 木箱 | 只 | 7.60 |
| 2. 钢材类： | | | 外销盒 | 只 | 0.20 |
| 圆钢 | 千克 | 0.64 | 塑料袋 | 万只 | 170.00 |
| 角钢 | 千克 | 1.00 | 牛皮纸 | 令 | 250.00 |
| 无缝管 | 千克 | 1.85 | 纸箱 | 只 | 2.00 |
| 薄钢 | 千克 | 1.75 | 内销盒 | 只 | 0.11 |
| 中板 | 千克 | 1.00 | 8. 其他类： | | |
| 3. 珠光片类： | | | 开关 | 只 | 6.20 |
| 珠光片 | 万片 | 150.60 | 三角带 | 根 | 2.60 |
| 4. 锌皮类： | | | 电焊条 | 千克 | 20.50 |
| 锌皮 | 千克 | 2.90 | 电烙铁 | 把 | 7.40 |
| 5. 锌板类： | | | 大扫帚 | 把 | 0.50 |
| 锌板 | 千克 | 2.05 | 中扫帚 | 把 | 0.30 |
| 6. 化工类： | | | 小扫帚 | 把 | 0.25 |
| 盐酸 | 千克 | 0.13 | 活络扳手 | 把 | 4.70 |
| 电解铜 | 千克 | 5.65 | 回丝 | 千克 | 2.40 |
| 次氯酸钠 | 千克 | 0.13 | 锉刀 | 把 | 1.00 |
| 硝酸银 | 千克 | 120.00 | 尖嘴钳 | 把 | 2.50 |
| 氢化钠 | 千克 | 5.00 | 二、低值易耗品： | | |
| 液碱 | 千克 | 0.13 | 电动机 | 只 | 19.60 |

# 九、××××年1月份发生的经济业务

## 1. 2日

(1) 签发现金支票,从银行中提取备用金2 700元(支票号码86—66137)。

(2) 长宁区新华街道开来收据,要求:支付厂部行政管理部门盐雾试验费,计76.69元,当即以现金支付。

(3) 上海市五金交电公司用转账支票解来上月所欠购弹簧扣货款29 601元,发票为001652。要求:根据转账支票,开具进账单(上月开出的发票见第16页应收账款明细资料。不再给出发票实样,本笔业务直接根据转账支票入账)。

## 2. 3日

(1) 向市金属材料公司第一供应站购入圆钢(钢材)100千克,计款64元,以现金付清。要求:填制收料单。

(2) 培新自行车修配商店,为本厂机修车间修理三轮地轴,开来发票一张,计39.52元,当即以现金付清。

(3) 向轻工化工供应公司购入盐酸(化工类)3 000千克,计款390元。要求:填制收料单及转账支票。市轻工化工供应公司开户银行*:徐汇区办华山分理处,账号:7145002。

(4) 向新乐五金机电商店,购入开关(其他类)20只,计124元。要求:填制收料单及转账支票。新乐五金机电商店开户银行:市分行营业部,账号:244—06640945。

(5) 开给中轻出口公司发票,号码001810,货已发运。

  1#按扣 1 000盒,@ 8.69元,计金额 8 690.00元,税额1 477.30元

  2#按扣 1 020盒,@11.58元,计金额 11 811.60元,税额2 007.97元

当即收到中轻出口公司开来转账支票,合计23 986.87元。财务科根据该转账支票,开具进账单,并经银行收讫盖章。要求:填制进账单。

## 3. 4日

(1) 开给上海市五金交电公司发票,号码001811,货已发出。

  1#按扣 1 240千只,@5.03元,计金额 6 237.20元,税额1 060.32元

  2#按扣 2 100千只,@6.70元,计金额 14 070.00元,税额2 391.90元

  3#按扣 2 800千只,@8.38元,计金额 23 464.00元,税额3 988.88元

市五金交电公司当天开出转账支票。合计51 212.30元。要求:开具进账单,送银行收讫。

(2) 退还本市南昌制帽厂上月多付款1 078.70元(上月入"其他应付款"科目),当即填具转账支票。南昌制帽厂开户银行:虹办溧阳路分理处,账号:8456700。

(3) 向源源药房购入硝酸银(化工类)4.4千克,计货款496.90元,于1月10日付款。付款业务在1月10日做。要求:填制收料单。

## 4. 5日

---

\* 以后凡未注明银行名称的开户银行均为上海工商银行,为填制支票时简便起见,一律用简称,如"工商银行徐汇区办华山分理处"可缩略为"工行徐办华分处"或"徐办华分处"。

(1) 长宁区新华街道开出收据一张,向大力五金厂收取描图费 43.84 元(厂行政管理部门用),即以现金付讫。

(2) 向源源药房购入泡花碱,计 30 元(电镀车间用),以现金付讫。

(3) 向工商银行申请临时借款 300 000 元,单位编号:000321。最后还款日:20××年 6 月 30 日。借款原因及用途:购材料,资金不足。经工商银行同意已取得借款,款项已划入本企业银行结算户。

| 期　限 | 计划还款日期 | 计划还款金额 |
| --- | --- | --- |
| 第一期 | 20××.3.31 | 50 000 元 |
| 第二期 | 20××.4.30 | 50 000 元 |
| 第三期 | 20××.5.31 | 100 000 元 |
| 第四期 | 20××.6.30 | 100 000 元 |

要求:填制借款凭证。

(4) 收到委托银行签发的银行汇票和解讫通知(第二联与第三联),金额为 210 000 元,由采购员李明持往北京市金属材料公司第二供应站购买锌皮。要求:填制银行汇票委托书。北京市金属材料公司第二供应站汇入行:北京市分行营业部,账号:05535。

(5) 向市金属材料公司第一供应站购入角钢(钢材类)135 千克,计款 138 元。要求:填制收料单及转账支票。市金属材料公司第一供应站开户银行:市分行营业部,账号:00445403。

(6) 向第七五金商店购入三角带(其他类)80 根,计货款 201.40 元。要求:填制收料单及转账支票。第七五金商店开户银行:工商银行虹办武分处,账号:1361002。

(7) 向新乐五金机电商店购入圆钉(销售费用)1 104 元,当即以转账支票付清货款。新乐五金机电商店开户银行:市分行营业部,账号:244—06640945。

(8) 付给延安打字誊印社印分析表费(电镀车间用)761.96 元,已开出转账支票付讫。延安打字誊印社开户银行:黄浦区办延东分理处,账号:4567811。

(9) 由银行存款支付职工沈进住院费 321.54 元。

(10) 由银行存款支付职工医务备用药药费 106.64 元。

(11) 由银行存款支付为职工食堂购置炊事用具 119.64 元。

(12) 由银行存款支付职工冯亦波学费 300.00 元。

5.6日

(1) 以现金为本厂幼托所购置生活用具 125.30 元。

(2) 向长宁木箱厂购进木箱(包装类)1 009 只,计金额 7 618.80 元,税额 1 295.20 元。要求:填制收料单及转账支票。长宁木箱厂开户银行:长宁区办,账号:7124686。

(3) 向自新塑料包装厂购入塑料白坯袋(包装类)13 万只,计款 2 288 元。要求:填制收料单及转账支票。自新塑料包装厂开户银行:农行*嘉定县支行,账号:5900400122。

(4) 向青浦五金纸张商店购入广告照片制板(销售费用),计款 1 500 元,于当日开出转账支票付清货款。青浦五金纸张商店开户银行:农行青浦县支行,账号:3674584。

(5) 向市金属材料公司第二供应站购入电解铜(化工类)162 千克,每千克单价 5.68 元,计货款 920.16 元,要求:填制收料单及转账支票。市金属材料公司第二供应站开户银行:市分行营业部,账号:0456715。

(6) 由银行存款支付本厂宣传画廊修缮费2 712.43元。

6. 7日

(1) 向市金属材料公司第一供应站购入圆钢(钢材类)134千克,计货款85.62元,以现金付讫。要求:填制收料单。

(2) 向轻工化工供应公司徐汇供应站购入盐酸(化工类)1 000千克,计货款130元。要求:填制收料单及转账支票。轻工化工供应公司徐汇供应站开户银行:徐汇区办华山路分理处,账号:7145002。

(3) 向源源药房购入次氯酸钠(化工类)4 130千克,计货款826元。要求:填制收料单及转账支票。源源药房开户银行:静安区办静分处,账号:5570003。

(4) 由银行存款支付招待客饭费384元。

7. 8日

(1) 向立信会计纸品厂门市部购入工时记录卡(机修车间用),计81.68元,当即以现金付讫。

(2) 向通明电料商店购入打包带(销售费用),计货款1 028.25元,当即以转账支票付清货款。通明电料商店开户银行:长宁区办延西分理处,账号:7956411。

(3) 由银行存款暂支职工丁伟住院自理伙食费159.64元,暂支款在其下月工资中扣除。

8. 9日

(1) 以现金支付职工李又勤的子女幼托费84.50元。

(2) 开给上海市五金交电公司发票,号码001812,货已发出。

    1#弹簧扣  4 400千只,@5.75元,计金额25 300.00元,税额4 301.00元

    2#弹簧扣  2 000千只,@6.90元,计金额13 800.00元,税额2 346.00元

当天收到五金交电公司交来金额为50 000元背书转让的转账支票一张,多收的4 253元当即开出转账支票退还。要求:填制进账单;并开出转账支票,退还背书的转账支票余款。

(3) 用银行存款支付锻件费(在建工程——冲床工程用)2 386.24元。

9. 10日

(1) 延安打字誊印社开来发票,收取印图表费(厂行政管理办公室用)74.40元,当即以现金付讫。

(2) 开给上海五金交电公司发票,号码001813,货已发出。

    1#铆钉  1 000千只,@ 9.33元,计金额 9 330.00元,税额1 586.10元

    2#铆钉  400千只,@10.60元,计金额 4 240.00元,税额 720.80元

    3#铆钉  2 200千只,@12.19元,计金额26 818.00元,税额4 559.06元

当即收到五金交电公司的转账支票,计货款47 253.96元。要求:填制进账单,送交银行收讫。

(3) 1月4日向源源药房购入硝酸银(化工类)4.4千克,计货款496.90元,于1月10付款。要求:填制转账支票。源源药房开户银行:静安区办静分处,账号:5570003。

(4) 1月2日向上海第七五金商店购入电焊条118.4千克(其他类),计人民币2 444.96元。要求:填制收料单及转账支票。上海第七五金商店开户银行:虹办武分处,账号:1361002。

10. 11日

(1) 签发现金支票从银行中提取备用金500元(支票号码:86—66138)。

(2) 向立信会计纸品厂购入牛皮纸(包装类)36令(1令=1 000小张),单价251元,金额9 036元,税额1 536.12元。要求:填制收料单及转账支票。立信会计纸品厂开户银行:虹口区办,账号:1343104。

(3) 延安打字誊印社开来印质量表(厂行政管理办公室)发票,计费用333.90元。当即开出转账支票付讫。延安打字誊印社开户银行:黄浦区办延东分理处,账号:456781。

(4) 开给上海五金交电公司发票,号码001814,货已发出。

   $1^\#$按扣 2 000千只,@5.03元,计金额10 060.00元,税额1 710.20元

   $2^\#$按扣 1 480千只,@6.70元,计金额 9 916.00元,税额1 685.72元

   $3^\#$按扣 4 400千只,@8.38元,计金额36 872.00元,税额6 268.24元

  当天收到五金交电公司送来已承兑的银行承兑汇票一张,以结算货款66 512.16元。该汇票应于2月11日到期。

11. 12日

(1) 以现金支付职工李明出差暂支差旅费2 500元。

(2) 以现金支付上钢一厂延西车间槽钢吊装费(机修车间用)1.60元。

(3) 以现金支付驾驶员徐俊等人招待客饭费22.77元。

(4) 向青浦五金纸张商店购入纸箱(包装类)667只,计货款1 309.50元。要求:填制收料单及转账支票。青浦五金纸张商店开户银行:农行青浦县支行,账号:3674584。

(5) 北京红桥服装厂开来发票,要求支付上月代我厂垫付的运费计58.57元(上月记入"其他应付款"科目),我厂当即通过银行信汇。要求:开出信汇凭证。红桥服装厂汇入行名称:工行北京市大统路分理处,账号:5866043。

(6) 向青浦县五金纸张商店购入内销盒子(包装类)33 300只,计货款3 679.79元。要求:填制收料单及转账支票。青浦县五金纸张商店开户银行:农行青浦县支行,账号:3674584。

(7) 向市金属材料公司第一供应站购入无缝管(钢材类)161千克,计货款290.40元,付款业务在1月14日做。要求:填制收料单。

(8) 开给中轻出口公司发票,号码001815,货已发出。

   $1^\#$按扣 1 000盒,@ 8.69元,计金额 8 690.00元,税额1 477.30元

   $3^\#$按扣 1 000盒,@14.48元,计金额14 480.00元,税额2 461.60元

于收到货款日作账务处理。

12. 13日

(1) 上海供电所委托银行收款,收取1月份电费9 810.66元,接银行通知付讫。

(2) 开给上海五金交电公司发票,号码001816,货已发出。

   $1^\#$铆钉 1 000千只,@ 9.33元,计金额 9 330.00元,税额1 586.10元

   $2^\#$铆钉  400千只,@10.60元,计金额 4 240.00元,税额 720.80元

   $3^\#$铆钉 1 200千只,@12.19元,计金额14 628.00元,税额2 486.76元

于收到货款时再作账务处理。

13. 14日

(1) 我厂向勤丰容器厂暂借包装产品用铁箱,支付押金180元,已开出转账支票付讫。

(2) 1月12日向市金属材料公司第一供应站购入无缝管(钢材类)161千克,计货款290.40元,于1月14日付清。要求:填制转账支票。市金属材料公司第一供应站开户银行:市分行营业部,账号:0445403。

(3) 收到上海有色线材厂开来委托加工铜材的加工费发票,计金额10 475.04元,税额1 780.76元,我厂以转账支票付讫。上海有色线材厂开户银行:长宁区办延西分理处,账号:7832502。

(4) 开给上海五金交电公司发票,号码001817,货已发出。

  1#按扣 1 640千只,@5.03元,计金额 8 249.20元,税额1 402.36元

  2#按扣 3 040千只,@6.70元,计金额20 368.00元,税额3 462.56元

  3#按扣 3 200千只,@8.38元,计金额26 816.00元,税额4 558.72元

当天收到五金交电公司交来已经承兑的银行承兑汇票一张,以结算货款64 856.84元。该汇票应于3月14日到期。

(5) 向市金属材料公司第二供应站购入锌皮51 650千克,计金额138 938.50元,税额23 619.55元。要求:填制收料单,同时签发4月14日到期的商业汇票一张,以结算上列货款。市金属材料公司第二供应站开户银行:市分行营业部,账号:0456715。

14. 15日

(1) 根据"工资汇总表"签发支票一张20 451.15元(收款人为本厂职工工资户)委托工商银行长宁分理处发放工资及代扣款20 439.05元,并支付银行手续费12.10元,工资发放清单(U盘)同时送存银行。

(2) 根据"工资汇总表",结转本月企业为职工代扣各种款项计3 935.73元(个人工资中扣各项基金及经费)。

(3) 根据各项基金、经费计算表计提各项基金及经费。

计提由企业负担的:

| | | | |
|---|---|---|---|
| 养老保险金 | 4 616.66元 | 住房公积金 | 1 436.30元 |
| 基本医疗保险费 | 2 051.85元 | 地方附加医疗保险费 | 410.37元 |
| 失业保险金 | 410.37元 | 工会经费 | 483.45元 |
| 教育经费 | 362.58元 | | |

要求:① 填制行政拨交工会经费缴款书(将本月计提的工会经费483.45元解缴本厂工会和上级工会,大力五金厂上级工会是日用五金公司工会,开户银行:市分行营业部,账号:9290801)。

② 将代扣的职工工会会费82.20元划转本厂工会银行存款户(大力五金厂工会开户银行:长宁区延安支行,账号:7863811)。

(4) 缴付职工住房公积金 2 872.60 元,其中企业负担部分和从职工工资中代扣代缴部分均为 1 436.30 元。要求:填制上海市公积金汇缴书,公积金账号为 5418568。上月汇缴金额也为 2 872.60 元,单位名称为:上海大力五金厂公积金专户。

(5) 收到建设银行转来上海市社会保险事业基金结算管理中心的职工社会保险基金结算表和医疗保险申报结算表:

|  | 交付养老保险费 | 交付失业保险费 | 交付基本医疗保险费 | 交付地方附加医疗保险费 | 合 计 |
|---|---|---|---|---|---|
| 单位交付金额 | 4 616.66 | 410.37 | 2 051.85 | 410.37 | 7 489.25 |
| 个人交付金额 | 1 692.06 | 241.72 | 483.45 | — | 2 417.23 |
| 合 计 | 6 308.72 | 652.09 | 2 535.30 | 410.37 | 9 906.48 |

注:上缴社保基金,其业务处理提示:

个人负担的住房公积金、养老保险金、医疗职业保险金个人所得税等,由其工资中代扣:

 借:应付职工薪酬
  贷:其他应付款——住房公积金
     ——养老保险金
     ——失业医疗保险金
  应交税费——个人所得税

单位负担的上述部分:

 借:管理费用——职工保险及公积金
  贷:其他应付款——住房公积金
     ——养老保险
     ——失业医疗保险

单位正式上缴时,用转账支票支付给社保中心。

(6) 以现金支付验车费(机修车间用)3.30 元。

(7) 以现金支付工具保管费(一车间用)2.12 元。

(8) 以现金支付购菜盆费(食堂用)4.59 元。

(9) 以现金支付职工华渊龙学费 15.00 元。

(10) 应付长宁区新华街道代垫的市内运费 5.98 元,收到对方开来收据后,财务科当即以现金付讫(代垫市内运费,上月已记入"其他应付款"科目)。

15. 16 日

(1) 收到本厂开户银行转来银行汇票结算凭证及发票,支付北京市金属材料公司第二供应站锌皮 50 000 千克,计金额 177 599.40 元,支付对方代垫运费 532 元,税额 30 282.34 元,还收到银行退还余款 1 586.26 元的收账通知。材料已到,并验收入库。要求:填制进账单、收料单。

(2) 由银行存款支付医务室购药费 1 744.94 元。

16. 17 日

1月13日开给上海五金交电公司发票,号码001816,在1月17日,收到上海五金交电公司开来转账支票,结算货款32 991.66元。财务科根据该转账支票,开具进账单,并经银行收讫盖章,货款解入大力五金厂结算户。要求:开具进账单。

17. 18 日

(1) 以现金支付照片广告费(销售费用)21.86元。

(2) 职工李明1月12日曾借支差旅费2 500元,现前来报销,计付外埠差旅费2 110.55元,余款退回财务科。

(3) 上缴本月预交所得税:

　　销售收入或收益额　　　　　500 000元
　　纳税所得额　　　　　　　　 52 800元
　　所得税税率　　　　　　　　　　 25%
　　应纳所得税额　　　　　　　 13 200元

　　税款于1月18日交纳。要求:填制纳税单。

(4) 由银行存款支付职工袁渊琦夜校学费130元。

(5) 开给上海五金交电公司发票,号码001819,货已运出(001818号发票因开错,故作废,由001819起填制发票)。

　　3# 按扣　　3 160千只,@8.38元,计金额26 480.80元,税额4 501.74元

　　1# 弹簧扣　1 000千只,@5.75元,计金额 5 750.00元,税额 977.50元

　　2# 弹簧扣　1 690千只,@6.90元,计金额11 661.00元,税额1 982.77元

当天收到五金交电公司已经承兑的银行承兑汇票一张,以结算货款51 353.41元,该汇票应于3月18日到期。

18. 19 日

(1) 向上海冶炼厂购入黄铜带(铜皮)1 120千克,计金额7 105.28元,税额1 207.90元,于当日开出转账支票付清货款。要求:填制收料单及转账支票。上海冶炼厂开户银行:杨办平分处,账号:4932000。

(2) 1月12日开给中轻出口公司发票,号码001815,中轻出口公司于1月19日开来金额为27 108.90元的转账支票。我厂准备背书转让。

19. 22 日

(1) 开出现金支票两张向银行提取备用金2 000元(支票号码:86—66140、86—66141)。其中一张1 500元交孙益荣作出差借款,另一张500元作备用金。

(2) 以现金支付疏通阴沟费(机修车间)12.00元。

(3) 以现金支付中轻出口公司提出的因产品包装不善造成损失的赔偿费80.15元(记入"营业外支出")。

20. 23 日

开给中轻出口公司发票,号码001820,货已发出。

$2^{\#}$ 按扣　2 120 盒，@11.58 元，计金额 24 549.60 元，税额 4 173.43 元

$3^{\#}$ 按扣　　700 盒，@14.48 元，计金额 10 136.00 元，税额 1 723.12 元

1月23日中轻出口公司开出转账支票，计货款 40 582.15 元。财务科根据该转账支票，开具进账单，并经银行收讫盖章，将货款解入我厂结算户。

21. 24 日

(1) 以现金支付厂行政管理办公室复印费 13.20 元。

(2) 以现金支付职工金丽云生活困难补助费 60 元。

(3) 以现金支付电器零件费(一车间用)1.98 元。

(4) 以现金支付职工刘文洁休养费 62 元。

(5) 向源源药房购入氢化钠(化工类)3 312 千克，计金额 16 560 元，税额 2 815.20 元。要求：填制收料单及转账支票。源源药房开户银行：静安区办静分处，账号：5570003。

(6) 收到自来水公司通过银行转来的委托收款凭证，收取 1 月份水费 2 483.76 元。

(7) 支付欠上海有色线材厂上月份铜材款 28 609.03 元。要求：背书转让 1 月 19 日收到的中轻出口公司的转账支票，金额为 27 108.90 元；同时开出转账支票，金额为 1 500.13 元，补足所欠铜材款差额。有色线材厂开户银行：长办延分处，账号：7832502。

(8) 向市金属材料公司第二供应站购入锌皮 25 286 千克，计金额 51 836.30 元，税额 8 812.17 元。要求：填制收料单及转账支票。市金属材料公司第二供应站开户银行：市分行营业部，账号：0456715。

22. 25 日

(1) 开给上海五金交电公司发票，号码 001821，货已发出。

$1^{\#}$ 铆钉　1 000 千只，@ 9.33 元，计金额　9 330.00 元，税额 1 586.10 元

$2^{\#}$ 铆钉　1 400 千只，@10.60 元，计金额 14 840.00 元，税额 2 522.80 元

$3^{\#}$ 铆钉　　400 千只，@12.19 元，计金额　4 876.00 元，税额　828.92 元

上海五金交电公司于当天开出转账支票，财务科据此开具进账单，并经银行收讫盖章，将货款 33 983.82 元解入我厂结算户。

(2) 开给中轻出口公司发票，号码 001822，货已发运。

$2^{\#}$ 按扣　2 000 盒，@11.58 元，计金额 23 160.00 元，税额 3 937.20 元

中轻出口公司于当天开出转账支票，财务科根据转账支票开具进账单，并经银行收讫盖章，货款解入我厂结算户。

(3) 向上海冶炼厂购入黄铜带(铜皮)1 650 千克，计金额 10 264.65 元，税额 1 744.99 元。要求：填制收料单及转账支票。上海冶炼厂开户银行：杨办平分处，账号：4932000。

23. 26 日

(1) 开出转账支票，付给中国人民保险公司上海分公司 1～6 月份保险费 4 545.34 元。中国人民保险公司上海分公司开户银行：市分行营业部，账号：0456688。

(2) 向市金属材料公司第一供应站购入薄钢(钢材类)1 204 千克，计人民币 2 143.16 元。要求：填制收料单及转账支票。市金属材料公司第一供应站开户银行：市分行营业部，账号：0445403。

(3) 我厂上月向上海纸张批发部购白版纸计款3 032.73元,我厂开出转账支票将款项解入上海纸张批发部账户。上海纸张批发部开户银行:市分行营业部,账号:6116433。

(4) 向上海家用电器商店购入珠光片70万片,计金额10 736.25元,税额1 825.16元。要求:填制收料单及转账支票。上海家用电器商店开户银行:长宁区办,账号:2361075。

24. 27日

(1) 向上海冶炼厂购入黄铜带(铜皮)1 281千克,计金额7 892.24元,税额1 341.68元。要求:填制收料单及转账支票。上海冶炼厂开户银行:杨办平分处,账号:4932000。

(2) 向红艺日用杂品店购入大皮扫帚(其他类)220把,计人民币131.85元。要求:填制收料单及转账支票。红艺日用杂品店开户银行:长办延分处,账号:78467604。

(3) 收到煤气公司通过银行转来委托收款通知,收取1月份煤气费5 400元,已按银行通知付讫。煤气公司开户银行:市分行营业部,账号:321489。

(4) 开出转账支票付给市政工程公司1~6月份养路费3 360元。市政工程公司开户银行:静办康分处,账号:6481153。

25. 28日

(1) 以现金支付采购人员李宁备用金20元。

(2) 总工程师许文俊报销市内差旅费25元。

(3) 以现金支付电镀车间工人营养费62.80元。

(4) 向新乐五金机电商店购入电烙铁(其他类)2把,计13.48元,即以现金支付。要求:填制收料单。

(5) 开出转账支票付给立信会计纸品厂门市部购报告纸款(厂行政管理办公室用)122.20元。立信会计纸品厂门市部开户银行:虹口区办,账号:1343704。

(6) 向上海市金属材料公司第二供应站购入电解铜(化工类)10 000千克,计货款56 800元,税额9 656元,于当天向银行提交"银行本票申请书",采购员本月30日持银行本票去提货。要求:填制"银行本票申请书"。市金属材料公司第二供应站开户银行:市分行营业部,账号:0456715。

(7) 向上海市金属材料公司第二供应站购入锌板978千克,计货款2 024.46元。要求:填制收料单及转账支票。市金属材料公司第二供应站开户银行:市分行营业部,账号:0456715。

(8) 向特种灯泡二厂购入珠光片49.35万片,计货款7 402.50元。要求:填制收料单及转账支票。特种灯泡二厂开户银行:普陀区办师大所,账号:247—04330991。

26. 29日

(1) 向第十四五金商店购买"在建工程——磨床工程"用的光螺丝,计货款34.90元,以现金付讫。

(2) 以现金支付新民锻件修配厂在建工程用磨床木模费,计11.00元。

(3) 向上海第七五金商店购入活络扳手(其他类)474把,计货款2 227.80元,本厂于当日付清。要求:填制收料单及转账支票。上海第七五金商店开户银行:虹办武分处,账号:1361002。

27. 30日

(1) 开出还款凭证还给长宁区工商银行的短期借款47 000元(明细科目为临时借款,于上年8月份借,共190 000元)。要求:填制还款凭证。放款户账号:4158410。

(2) 开出还款凭证归还长宁区工商银行的长期借款 40 000 元（一次归还）。要求：填制还款凭证。长宁区工商银行账号：43103114。

(3) 由银行存款支付交通事故赔偿费 20 000 元（记入"营业外支出"科目）。

(4) 向上海市金属材料公司第二供应站购入锌板 500 千克，开出转账支票，支付货款 1 035 元，但锌板未到。市金属材料公司第二供应站开户银行：市分行营业部，账号：0456715。

(5) 将上海市五金交电公司 1 月 11 日签发的一张银行承兑汇票，金额为 66 512.16 元，向银行贴现。该汇票应于 2 月 11 日到期，故需扣除贴现利息 204.65 元，净得 66 307.51 元。要求：填制贴现凭证。

(6) 本厂采购员持金额为 66 456 元的银行本票到上海市金属材料公司第二供应站提取电解铜 10 000 千克（见 1 月 28 日业务）。要求：填制收料单。

(7) 按固定资产分类折旧。计提本月份折旧额 21 567.56 元，要求：填制转账支票。

| | |
|---|---|
| 其中：一车间 | 10 700 元 |
| 二车间 | 3 720 元 |
| 三车间 | 3 230 元 |
| 辅助生产——电镀车间 | 300 元 |
| ——机修车间 | 1 000 元 |
| 行政管理部门 | 2 617.56 元 |

(8) 以银行存款支付本月大修理费用，计 11 703.96 元。

| | |
|---|---|
| 其中：一车间 | 6 492.67 元 |
| 二车间 | 2 153.29 元 |
| 三车间 | 1 208.00 元 |
| 辅助生产——电镀车间 | 200.00 元 |
| ——机修车间 | 750.00 元 |
| 厂行政管理部门 | 900.00 元 |

28. <u>31 日</u>

(1) 根据《工资汇总表》结转本月代扣款 2 413.99 元。

(2) 根据《工资汇总表》作工资分配的账务处理。

(3) 编制计提职工福利费计算表、分配表。

(4) 根据表五"原材料、低值易耗品计划价格表"及材料采购明细账记录，将材料采购转入原材料及材料成本差异账户。结转入库的外购材料计划成本及材料成本差异。

(5) 根据"原材料收、发、存汇总表"，按用途结算发出材料计划成本和应负担的材料成本差异。

(6) 电解铜及锌板委托外加工转账，并编制材料发出加工汇总表。

(7) 根据收料单及委托加工材料明细表，结转委托外加工完工铜丝的原材料计划成本和材料成本差异。

(8) 填制材料成本差异分配计算表。

(9) 废料退库冲转"生产成本"账户。

(10) 一车间领用电动机 2 只,根据低值易耗品五五摊销法予以转账。

(11) 轻工化工供应公司第二供应站发来氢化钠 100 千克,货款 500 元尚未支付。

(12) 将本月份生产用电及照明用电,按电费分配表转账分摊。

(13) 将本月份水费按水费分配表转账分摊。

(14) 将本月份煤气费按煤气费分配表转账分摊。

(15) 本月份电镀车间费用按照按扣 2 015 千克,弹簧扣 885 千克来进行产品成本分摊。

(16) 本月份机修车间为一车间服务 492 工时,为二车间服务 260 工时,为三车间服务 139 工时,为在建工程中冲床服务 16 工时,为磨床服务 24 小时,每工时按 6 元计算,差异转管理费用。

(17) 结转本月份发生的一车间制造费用,按照按扣、弹簧扣的工时进行分摊;二车间、三车间的制造费用直接入账(一车间按扣工时 587 工时、弹簧扣 395 工时,二车间铆钉毛坯 355 工时、三车间铆钉光坯 470 工时)。

29. 31 日

(1) 本月份完工产品转账:

半成品:铆钉(毛坯):3 200 千只,本月领用铆钉(毛坯)3 000 千只

完工产品:按扣:13 970 盒,其中:1# 3 939 盒,2# 4 352 盒,3# 5 679 盒

    弹簧扣:18 120 千只,其中:1# 8 310 千只,2# 9 810 千只

    铆钉(光坯):6 900 千只,其中:1#(大号)2 400 千只

             2#(中号)2 200 千只

             3#(小号)2 300 千只

标准系数:见附件二十五。

单位成本:计算到小数点后面四位,以下四舍五入。尾数差异在最后一个产品中调整。

(2) 开列三张发票货款均未收到。

 a. 开给五金交电公司发票,号码:001823,货已发出。

    2# 按扣  180 千只,金额 1 206.00 元,税额 205.02 元

    1# 弹簧扣 4 000 千只,金额 23 000.00 元,税额 3 910.00 元

 b. 开给日用五金公司发票,号码:001824,货已发出。

    2# 弹簧扣 4 500 千只,金额 31 050.00 元,税额 5 278.50 元

 c. 开给五金交电公司发票,号码:001825,货已发出。

    2# 弹簧扣 4 410 千只,金额 30 429.00 元,税额 5 172.93 元

(3) 在建工程中冲床工程完工,该冲床办理竣工验收手续后投入使用。

(4) 出售给铜材二厂铜皮 100 千克(发票开出;货款未收),计金额 740.00 元,税额 125.80 元。

(5) 编制产成品生产、销售月结表,并将各产品销售成本转账(发出单价采用一次加权平均法,尾数差异放在期末内)。

(6) 编制产品税金计算表。本企业属于一般纳税人。

(7) 因上海庆生铝材厂单位撤销(原供货单位),现经批准,将无法支付的应付账款 1 001 元

转入营业外收入。

(8) 计算并结转应交所得税。

(9) 将各损益类科目结转"本年利润"账户。

(10) 提取盈余公积。

## 十、外来原始凭证及自制发票

经—1

No. 882851

### 收　据

入账日期：××××年1月2日

| 交款单位 | 上海大力五金厂 | 收款方式 | 现金 |
|---|---|---|---|
| 人民币(大写) | 柒拾陆元陆角玖分 | | ¥76.69 |
| 收款事由 | 盐雾试验费 | | |

××××年1月2日

单位盖章：上海市长宁区新华街道办事处收款专用章

财会主管　　记账　　出纳 曾根华　　审核　　经办 李敏

(一)收据

---

经—1

### 中国工商银行　支票

支票号码 AC10862704

(沪)　签发日期：××××年1月2日

开户银行名称：市分行营业部
签发人账号：6741432

收款人：上海大力五金厂

人民币(大写) 贰万玖仟陆佰零壹元整　¥29601.00

用途：还上月货款 #001652
上列款项请从我账户内支付

支票专用章：上海交电公司五金　　利胜印龚

签发人盖章

科目(付)　　　　
对方科目(收)　　　　
转账日期　年　月　日
复核　　记账　　验印

本支票付款期十天，可以流通转让。

经—2

## 上海市商业企业统一发票

工商执照字号：

开户银行：市分行营业部
账　号：0445408

发　票

沪Ⅰ(20)市　88-1286301

购货单位：上海大力五金厂　　地址：_____

××××年1月3日

| 货号 | 品名规格 | 计量单位 | 数量 | 单价 | 金额 万千百十元角分 |
|---|---|---|---|---|---|
|  | 圆钢 4×40mm | kg | 100 | 0.64 | 　　　6 4 0 0 |
|  |  |  |  |  |  |
|  |  |  |  |  |  |
|  |  |  |  |  |  |

合计人民币（大写）：陆拾肆元整　　　　　　　¥ 6 4 0 0

企业（盖章有效）：上海金属材料公司第一供应站发票专用章
地址：

财务　　开票 严聪

发票联 ②

---

经—2

## 上海市服务业统一发票

工商执照字号：

开户银行：静安区办
账　号：4655718

发　票

沪静Ⅱ(53)　88-0430053

客户：上海大力五金厂

××××年1月3日

| 项目 | 摘要 | 单位 | 数量 | 单价 | 金额 千百十元角分 |
|---|---|---|---|---|---|
| 修配 | 三轮地轴 | 只 | 30 |  | 　3 9 5 2 |
|  |  |  |  |  |  |
|  |  |  |  |  |  |
|  |  |  |  |  |  |

合计人民币（大写）：叁拾玖元伍角贰分　　　　¥ 3 9 5 2

企业（盖章有效）：上海培新自行车修配商店发票专用章
地址：

财务　　开票 朱红

发票联 ②

经—2

## 上海新乐五金机电商店  门沪

企业登记证
一商黄字 64780 号
沪税黄字乙—1905 号

地址：上海贵州路126号　电话：63206189　电报挂号：7015
开户行：工商银行上海市分行营业部　账号：244-06640945

### 发 票（正本）

合同编号_____

购货单位：上海大力五金厂　　　　　　　　　开票日期 ××××年1月3日

| 仓库凭证号码及货位 | 品名规格 | 单位 | 数量 | 单价 | 金额（十万千百十元角分） |
|---|---|---|---|---|---|
|  | 开关 | 只 | 20 | 6.20 | 1 2 4 0 0 |
|  |  |  |  |  |  |
|  |  |  |  |  | ¥ 1 2 4 0 0 |

合计金额 人民币（大写）壹佰贰拾肆元整

发货仓库：
发货地址：

结算方式：现金 / 支票 ✓ / 汇款

收款：黄为　　开票

(一) 出纳 → 购货单位

---

经—2

**3100062270**　　　　**上海增值税专用发票**　　　　No. 10001810

### 发 票 联

开票日期：××××年1月3日

| 购货单位 | 名称 | 中国轻工出口公司 | 税务登记号 | 3 1 0 5 0 7 1 0 4 2 8 3 1 4 5 |
|---|---|---|---|---|
|  | 地址、电话 | 汉口路380号 电话：64743510 | 开户银行及账号 | 市分行营业部 5743218 |

| 货物或应税劳务名称 | 规格型号 | 计量单位 | 数量 | 单价 | 金额 万千百十元角分 | 税率(%) | 税额 万千百十元角分 |
|---|---|---|---|---|---|---|---|
| 1# 按扣 |  | 盒 | 1 000 | 8.69 | 8 6 9 0 0 0 | 17% | 1 4 7 7 3 0 |
| 2# 按扣 |  | 盒 | 1 020 | 11.58 | 1 1 8 1 1 6 0 | 17% | 2 0 0 7 9 7 |
| 合计 |  |  |  |  | 2 0 5 0 1 6 0 |  | 3 4 8 5 2 7 |

价税合计：⊗拾贰万叁仟玖佰捌拾陆元捌角柒分　　　　¥23 986.87

备注：

| 销货单位 | 名称 | 上海大力五金厂 | 税务登记号 | 3 1 0 5 0 7 1 0 0 4 9 2 0 3 4 |
|---|---|---|---|---|
|  | 地址、电话 | 江苏路400号 电话：64305782 | 开户银行及账号 | 长宁区办延分处 7844511 |

销货单位(章)：上海大力五金厂 发票专用章　　收款人：　　复核：　　开票人：徐建信

第二联：发票联 购货方记账凭证

经-2

## 上海市商业企业统一发票

工商执照字号：
开户银行：徐汇区办华山分理处
账　号：7145002

发　票

沪Ⅱ(12)徐 88-2183550

购货单位：上海大力五金厂　　地址：　　　　　　　　××××年1月3日

| 货号 | 品名规格 | 计量单位 | 数量 | 单价 | 金额 万千百十元角分 |
|---|---|---|---|---|---|
|  | 1%盐酸 | 千克 | 3 000 | 0.13 | 　　3 9 0 0 0 |
|  |  |  |  |  |  |
|  |  |  |  |  |  |
|  |  |  |  |  |  |
| 合计人民币（大写）叁佰玖拾元整 | | | | | ¥3 9 0 0 0 |

企业（盖章有效）：上海轻工化工供应公司 徐汇供应站发票专用章
地址：
财务　　开票 赖军

②发票联

---

经-2

## 中国工商银行　支票

支票号码 AC28864787

（沪）

签发日期：××××年1月3日
开户银行名称：市分行营业部
签发人账号：5743218

收款人：上海大力五金厂

| 人民币（大写）贰万叁仟玖佰捌拾陆元捌角柒分 | 千百十万千百十元角分 ¥2 3 9 8 6 8 7 |
|---|---|

用途：购1#、2#按扣（发票号 001810）
上列款项请从我账户内支付

专用章　中轻公司支票出口　娥江常章

签发人盖章

科目(付)：
对方科目(收)：
转账日期　年　月　日
复核　　记账　　验印

本支票付款期十天，可以流通转让。

经一3

**上海增值税专用发票**　No. 10001811

3100062270

发 票 联

开票日期：××××年1月4日

| 购货单位 | 名称 | 上海五金交电公司 | | | 税务登记号 | 3105071033840025 | | |
|---|---|---|---|---|---|---|---|---|
| | 地址、电话 | 淮海路145号 电话：64464710 | | | 开户银行及账号 | 市分行营业部 6741432 | | |

| 货物或应税劳务名称 | 规格型号 | 计量单位 | 数量 | 单价 | 金额 万千百十元角分 | 税率(%) | 税额 万千百十元角分 |
|---|---|---|---|---|---|---|---|
| 按扣 | 1# | 千只 | 1 240 | 5.03 | 6 2 3 7 2 0 | 17 | 1 0 6 0 3 2 |
| 按扣 | 2# | 千只 | 2 100 | 6.70 | 1 4 0 7 0 0 0 | 17 | 2 3 9 1 9 0 |
| 按扣 | 3# | 千只 | 2 800 | 8.38 | 2 3 4 6 4 0 0 | 17 | 3 9 8 8 8 8 |
| 合计 | | | | | 4 3 7 7 1 2 0 | | 7 4 4 1 1 0 |

| 价税合计 | ⊗拾伍万壹仟贰佰壹拾贰元叁角零分 | ￥51 212.30 |
|---|---|---|
| 备注 | | |

| 销货单位 | 名称 | 上海大力五金厂 | 税务登记号 | 3105071004920034 |
|---|---|---|---|---|
| | 地址、电话 | 江苏路400号 电话：64305782 | 开户银行及账号 | 长宁区办延分处 7844511 |

销货单位(章)：上海大力五金厂发票专用章　　收款人：　　复核：　　开票人：徐建信

---

经一3

**中国工商银行　支票**　　支票号码 AC10862759

签发日期：××××年1月4日

开户银行名称：市分行营业部
签发人账号：6741432

收款人：上海大力五金厂

| 人民币(大写) | 伍万壹仟贰佰壹拾贰元叁角整 | 千百十万千百十元角分 ￥ 5 1 2 1 2 3 0 |
|---|---|---|

用途：购1#、2#、3#按扣（发票号001811）

上列款项请从我账户内支付

本支票付款期十天，可以流通转让。

支票专用章：上海五金交电公司　利龚胜印　签发人盖章

科目(付)..........
对方科目(收)..........
转账日期　年　月　日
复核　　记账　　验印

会计模拟实习　35

经—4

No. 0021983

# 收 据

入账日期：××××年1月5日

交款单位：上海大力五金厂　　　　收款方式：现金

人民币(大写)：肆拾叁元捌角肆分　　¥43.84

收款事由：描图费

××××年1月5日

单位盖章：上海市长宁区新华街道办事处收款专用章

财会主管　　记账　　出纳 曾根华　　审核　　经办 徐华

（一）收据

---

经—4

工商执照字号：

开户银行：静办静分处
账　号：5570003

## 上海市商业企业统一发票
### 发 票

沪Ⅱ(21)静 No. 0854824

购货单位：上海大力五金厂　　地址：

××××年1月5日

| 货号 | 品名规格 | 计量单位 | 数量 | 单价 | 金额 万千百十元角分 |
|---|---|---|---|---|---|
|  | 泡花碱 | 千克 | 10 | 3.00 | 3 0 0 0 |
|  |  |  |  |  |  |
|  |  |  |  |  |  |
|  |  |  |  |  |  |

合计人民币(大写)：叁拾元整　　¥30.00

企业(盖章有效)地址：上海源源药房 发票专用章

财务　　　开票 朱梅芳

② 发票联

经—4

**上海市商业企业统一发票**

工商执照字号：
开户银行：市分行营业部
账　号：0445403

发　票

沪Ⅰ市(20) 88-3263600

购货单位：上海大力五金厂　　地址：_____　　××××年1月5日

| 货　号 | 品　名　规　格 | 计量单位 | 数　量 | 单　价 | 金　额 万千百十元角分 |
|---|---|---|---|---|---|
|  | 角钢1×40mm | 千克 | 135 |  | 1 3 8 0 0 |
|  |  |  |  |  |  |
|  |  |  |  |  |  |
|  |  |  |  |  |  |

合计人民币（大写）壹佰叁拾捌元整　　　　　　　￥1 3 8 0 0

企业（盖章有效）地址：上海金属材料公司第一供应站发票专用章　　财务　　开票　严聪

---

经—4

**上海市商业企业统一发票**

工商执照字号：
开户银行：工商银行虹办武分处
账　号：1361002

发　票

沪Ⅱ虹(28) 88-1283560

购货单位：上海大力五金厂　　地址：_____　　××××年1月5日

| 货　号 | 品　名　规　格 | 计量单位 | 数　量 | 单　价 | 金　额 万千百十元角分 |
|---|---|---|---|---|---|
|  | 三角带#6 | 根 | 80 |  | 2 0 1 4 0 |
|  |  |  |  |  |  |
|  |  |  |  |  |  |
|  |  |  |  |  |  |

合计人民币（大写）贰佰零壹元肆角整　　　　　￥2 0 1 4 0

企业（盖章有效）地址：上海第七五金商店发票专用章　　财务　　开票　黄辛

经一4

企业登记证
一商黄字 64780 号
沪税黄字乙－1905 号

**上海新乐五金机电商店**

地址：上海贵州路126号　电话：63206189　电报挂号：7015
开户行：工商银行上海市分行营业部　账号：244-06640945

门沪

## 发 票（正本）

合同编号
购货单位　上海大力五金厂　　　开票日期××××年1月5日

| 仓库凭证号码及货位 | 品名及规格 | 单位 | 数量 | 单价 | 金额 十万 千 百 十 元 角 分 |
|---|---|---|---|---|---|
| | 圆钉 | 盒 | 3 680 | 0.30 | 　　1 1 0 4 0 0 |
| | | | | | |
| | | | | | |
| | | | | | ￥ 1 1 0 4 0 0 |

合计金额 人民币(大写) 壹仟壹佰零肆元整

发货仓库：
发货地址：

结算方式：现金／支票 ✓／汇款

收款 罗明　开票 开票

(一) 出纳 → 购货单位

---

经一4

工商执照字　号
开户银行　黄办延东分理处
账　号　　4567811

**上海市服务业统一发票**

发　票

沪黄Ⅱ(90)　No. 3500580

××××年1月5日

客　户　上海大力五金厂

| 项目 | 摘要 | 单位 | 数量 | 单价 | 金额 千 百 十 元 角 分 |
|---|---|---|---|---|---|
| | 印分析表 | 张 | 500 | | 　7 6 1 9 6 |
| | | | | | |
| | | | | | |
| | | | | | |
| 合计人民币(大写) 柒佰陆拾壹元玖角陆分 | | | | | ￥ 7 6 1 9 6 |

企业(盖章有效)：上海延安打字誊印社发票专用章
地　址：
财务　　开票 华益

② 发票联

经—4

No. 882764

## 上海市第一人民医院收据

入账日期：××××年1月5日

| | |
|---|---|
| 交款单位 | 上海大力五金厂 |
| 收款方式 | 转账支票 |
| 人民币(大写) | 叁佰贰拾壹元伍角肆分　¥321.54 |
| 收款事由 | 支付沈进住院费 |

××××年1月5日

单位盖章：上海第一人民医院住院部收款专用章

财会主管　记账　出纳 孙江　审核　经办　菇意人

---

经—4

## 上海市商业企业统一发票

发　票

沪Ⅱ(21)青 88-8355128

工商执照字号：
开户银行：长办延分处
账　号：411587

购货单位：上海大力五金厂　　地址：

××××年1月5日

| 货号 | 品名规格 | 计量单位 | 数量 | 单价 | 金额 万 千 百 十 元 角 分 |
|---|---|---|---|---|---|
| | 板蓝根冲剂 | 包 | 100 | 0.35 | 　　　3 5 0 0 |
| | P.P.C. | 片 | 1500 | 0.02 | 　　　3 0 0 0 |
| | 普鲁卡因青霉素 | 瓶 | 40 | 0.666 | 　　　2 6 6 4 |
| | 胃疡平 | 片 | 500 | 0.03 | 　　　1 5 0 0 |
| 合计人民币(大写) | 壹佰零陆元陆角肆分 | | | | ¥1 0 6 6 4 |

② 发票联

企业(盖章有效)：上海永寿药房发票专用章
地址：　　　　财务　　　开票 顾福祥

经—4

No. 278855

# 收 据

入账日期：××××年1月5日

| 交款单位 | 上海大力五金厂 | 收款方式 | 转账支票 |

人民币(大写) 壹佰壹拾玖元陆角肆分　　￥119.64

收款事由 购置食堂炊事用具

××××年1月5日

单位盖章：上海新成电器厂后勤处收款专用章

财会主管　记账　出纳 刘必忠　审核　经办 朱元三

---

经—4

No. 156412

# 收 据

入账日期：××××年1月5日

| 交款单位 | 上海大力五金厂 | 收款方式 | 转账支票 |

人民币(大写) 叁佰元整　　￥300.00

收款事由 冯亦波学费

××××年1月5日

单位盖章：立信会计学院夜校部收款专用章

财会主管　记账　出纳 胡觉民　审核　经办 毛恩佳

经—5

# 付 款 凭 单

××××年1月6日

编号 ..................
附单据 1 张

| 受款人 | 李清 |
|---|---|
| 付款用途 | 厂幼托所购置生活用品 |
| 金额 人民币（大写） | 壹佰贰拾伍元叁角整　　￥125.30 |

| 财务主管 | 记账 | 出纳 | 部门主管 | 制单 | 受款人签收 | 李清 |

---

经—5

3100062270　　**上海增值税专用发票**　　No. 10854803

发 票 联

开票日期：××××年1月6日

| 购货单位 | 名称 | 上海大力五金厂 | 税务登记号 | 3105071004920 34 |
|---|---|---|---|---|
| | 地址、电话 | 江苏路400号  电话：64305782 | 开户银行及账号 | 长宁区办延分处7844511 |

| 货物或应税劳务名称 | 规格型号 | 计量单位 | 数量 | 单价 | 金额 万千百十元角分 | 税率(%) | 税额 万千百十元角分 |
|---|---|---|---|---|---|---|---|
| 木箱 | | 只 | 1 009 | | 7 6 1 8 8 0 | 17 | 1 2 9 5 2 0 |
| | | | | | | | |
| 合计 | | | | | ￥7 6 1 8 8 0 | | ￥1 2 9 5 2 0 |
| 价税合计 | ⊗拾⊗万捌仟玖佰壹拾肆元零角零分 | | | | | | ￥8 914.00 |
| 备注 | | | | | | | |

| 销货单位 | 名称 | 上海长宁木箱厂 | 税务登记号 | 3105071051347 47 |
|---|---|---|---|---|
| | 地址、电话 | 宣化路750号  电话：64310856 | 开户银行及账号 | 长宁区办7124686 |

销货单位（章）：上海长宁木箱厂发票专用章　　收款人：　　复核：　　开票人：宁啸

经—5

## 上海市工业企业统一发票

工商执照字号：

开户银行：嘉定县支行
账　号：5900400122

发　票

沪Ⅱ(14) No. 8048404

购货单位：上海大力五金厂　　　　　　　　　　　××××年1月6日

| 货号 | 品名规格或加工修理 | 计量单位 | 数量 | 单价 | 金额 十万千百十元角分 | 备注 |
|---|---|---|---|---|---|---|
|  | 塑料白坯袋 | 万只 | 13 | 176.00 | 　　2 2 8 8 0 0 | ②发票联 |
|  |  |  |  |  |  |  |
|  |  |  |  |  |  |  |
|  |  |  |  |  |  |  |
| 合计人民币（大写）贰仟贰佰捌拾捌元整 |  |  |  |  | ￥2 2 8 8 0 0 |  |

企业（盖章）：上海嘉定自新塑料包装厂发票专用章
地址：

财务　　　　　开票 钱露

---

经—5

## 上海市商业企业统一发票

工商执照字号：

开户银行：青浦县支行
账　号：3674584

发　票

沪Ⅱ(21)青 88-561812

购货单位：上海大力五金厂　　地址：　　　　　　　××××年1月6日

| 货号 | 品名规格 | 计量单位 | 数量 | 单价 | 金额 万千百十元角分 | 备注 |
|---|---|---|---|---|---|---|
| #3495 | 广告照片制版 | 块 | 500 | 3.00 | 　1 5 0 0 0 0 | ②发票联 |
|  |  |  |  |  |  |  |
|  |  |  |  |  |  |  |
|  |  |  |  |  |  |  |
| 合计人民币（大写）壹仟伍佰元整 |  |  |  |  | ￥1 5 0 0 0 0 |  |

企业（盖章有效）：上海青浦五金纸张商店发票专用章
地址：

财务　　　　　开票 王为华

经-5

## 上海市商业企业统一发票

工商执照字号：
开户银行：市分行营业部
账号：0456715

**发 票**

沪I(20)市 88-4285351

购货单位：上海大力五金厂　　地址：_____　　××××年1月6日

| 货号 | 品名规格 | 计量单位 | 数量 | 单价 | 金额 万 千 百 十 元 角 分 |
|---|---|---|---|---|---|
|  | 电解铜 | 千克 | 162 | 5.68 | 　　　9 2 0 1 6 |
|  |  |  |  |  |  |
|  |  |  |  |  |  |
|  |  |  |  |  |  |

合计人民币（大写）：玖佰贰拾元壹角陆分　　￥ 9 2 0 1 6

② 发票联

企业（盖章有效）地址：上海金属材料公司第二供应站发票专用章

财务　　开票 陈秀浩

---

经-5

No. 482854

## 收 据

入账日期：××××年1月6日

交款单位：上海大力五金厂　　收款方式：转账支票

人民币（大写）：贰仟柒佰壹拾贰元肆角叁分　　￥2712.43

收款事由：宣传画廊修缮费

××××年1月6日

单位盖章：上海卢湾区瑞金路房管所收款专用章

财会主管　记账　出纳　审核　经办　卢明森

（一）收据

经—6

## 上海市商业企业统一发票

工商执照  
字 号：

开户银行：市分行营业部  
账 号： 0445403

发 票

沪Ⅰ市 88-5823610  
(20)

购货单位：上海大力五金厂　　地址：_____　　××××年1月7日

| 货 号 | 品 名 规 格 | 计量单位 | 数量 | 单价 | 金额 万 千 百 十 元 角 分 |
|---|---|---|---|---|---|
|  | 圆钢 4×40mm | 千克 | 134 |  | 　　　　8 5 6 2 |
|  |  |  |  |  |  |
|  |  |  |  |  |  |
|  |  |  |  |  |  |

合计人民币（大写）捌拾伍元陆角贰分　　　　￥ 　　　8 5 6 2

企业（盖章有效）  
地 址： 上海金属材料公司第一供应站发票专用章

财务　　开票 严聪

②发票联

---

经—6

## 上海市商业企业统一发票

工商执照  
字 号：

开户银行：徐汇区办华山路分理处  
账 号： 7145002

发 票

沪Ⅱ徐 88-4823561  
(21)

购货单位：上海大力五金厂　　地址：_____　　××××年1月7日

| 货 号 | 品 名 规 格 | 计量单位 | 数量 | 单价 | 金额 万 千 百 十 元 角 分 |
|---|---|---|---|---|---|
|  | 盐酸 | 千克 | 1 000 | 0.13 | 　　　1 3 0 0 0 |
|  |  |  |  |  |  |
|  |  |  |  |  |  |
|  |  |  |  |  |  |

合计人民币（大写）壹佰叁拾元整　　　　￥　　1 3 0 0 0

企业（盖章有效）  
地 址： 上海轻工化工供应公司徐汇供应站发票专用章

财务　　开票 赖军

②发票联

经—6

工商执照字号：
开户银行：静办静分处
账　号：5570003

## 上海市商业企业统一发票
### 发　票

沪Ⅱ(21)静　88-7823552

购货单位：上海大力五金厂　　地址：　　　　　××××年1月7日

| 货号 | 品名规格 | 计量单位 | 数量 | 单价 | 金额 万千百十元角分 |
|---|---|---|---|---|---|
|  | 次氯酸钠 | 千克 | 4130 | 0.20 | 　　8 2 6 0 0 |
|  |  |  |  |  |  |
|  |  |  |  |  |  |
|  |  |  |  |  |  |

合计人民币（大写）捌佰贰拾陆元整　　　　￥826.00

企业(盖章有效)地址：上海源源药房 发票专用章　　财务　　开票：高德惠

---

经—6

No. 278885

## 上海星海饭店收据

入账日期：××××年1月7日

交款单位：上海大力五金厂　　　　收款方式：转账支票

人民币(大写)：叁佰捌拾肆元整　　￥384.00

收款事由：客饭费

××××年1月7日

单位盖章：上海星海饭店收款专用章　　财会主管　　记账　　出纳　　审核　　经办
金娟

经—7

## 上海市商业企业统一发票

工商执照字号：  
开户银行：虹口区办  
账　　号：1343704  

发　票

沪Ⅱ(28)虹 88-2183751

购货单位：上海大力五金厂　　地址：　　　　　　　××××年1月8日

| 货号 | 品名规格 | 计量单位 | 数量 | 单价 | 金额 万千百十元角分 |
|---|---|---|---|---|---|
|  | 工时记录卡 | 张 | 1000 |  | 8 1 6 8 |
|  |  |  |  |  |  |
|  |  |  |  |  |  |
|  |  |  |  |  |  |

合计人民币（大写）：捌拾壹元陆角捌分　　￥ 8 1 6 8

企业（盖章有效）地址：上海立信会计纸品厂门市部发票专用章　　财务　　开票 吴申开

---

经—7

## 上海市商业企业统一发票

工商执照字号：  
开户银行：长宁区办延西分理处  
账　　号：7956411  

发　票

沪Ⅱ(21)长 88-8186735

购货单位：上海大力五金厂　　地址：　　　　　　　××××年1月8日

| 货号 | 品名规格 | 计量单位 | 数量 | 单价 | 金额 万千百十元角分 |
|---|---|---|---|---|---|
|  | 打包带 | 箱 | 500 |  | 1 0 2 8 2 5 |
|  |  |  |  |  |  |
|  |  |  |  |  |  |
|  |  |  |  |  |  |

合计人民币（大写）：壹仟零贰拾捌元贰角伍分　　￥ 1 0 2 8 2 5

企业（盖章有效）地址：上海通明电料商店发票专用章　　财务　　开票 赵坤

经—7

No. 782757

# 收 据

入账日期：××××年1月8日

| 交款单位 | 上海大力五金厂 | 收款方式 | 转账支票 |
|---|---|---|---|

人民币(大写) 壹佰伍拾玖元陆角肆分　　　¥159.64

收款事由　丁伟自理费（伙食）

××××年1月8日

单位盖章：上海长宁区结核病院收款专用章

财会主管　记账　出纳 吕玉华　审核　经办 夏冰

---

经—8

No. 982825

# 收 据

入账日期：××××年1月9日

| 交款单位 | 上海大力五金厂 | 收款方式 | 现金 |
|---|---|---|---|

人民币(大写) 捌拾肆元伍角整　　　¥84.50

收款事由　李又勤子女幼托费

××××年1月9日

单位盖章：上南托儿所收款专用章

财会主管　记账　出纳 张萍　审核　经办 倪越靖

经-8

**3100062270**　　　　上海增值税专用发票　　　No. 10001812

发　票　联

开票日期：××××年1月9日

| 购货单位 | 名　称 | 上海五金交电公司 | | 税务登记号 | 3105071033840025 | | | | |
|---|---|---|---|---|---|---|---|---|---|
| | 地址、电话 | 淮海路145号　电话：64464710 | | 开户银行及账号 | 市分行营业部 6741432 | | | | |
| 货物或应税劳务名称 | 规格型号 | 计量单位 | 数　量 | 单　价 | 金　额<br>万千百十元角分 | 税率(%) | 税　额<br>万千百十元角分 |
| 弹簧扣 | 1# | 千只 | 4 400 | 5.75 | 2 5 3 0 0 0 0 | | 4 3 0 1 0 0 |
| 弹簧扣 | 2# | 千只 | 2 000 | 6.90 | 1 3 8 0 0 0 0 | | 2 3 4 6 0 0 |
| 合　计 | | | | | 3 9 1 0 0 0 0 | | 6 6 4 7 0 0 |
| 价税合计 | ⊗拾肆万伍仟柒佰肆拾柒元零角零分 | | | | | | ￥45 747.00 |
| 备　注 | | | | | | | |
| 销货单位 | 名　称 | 上海大力五金厂 | | 税务登记号 | 3105071004920034 | | |
| | 地址、电话 | 江苏路400号　电话：64305782 | | 开户银行及账号 | 长宁区办延分处 7844511 | | |

销货单位（章）：[上海大力五金厂 发票专用章]　　收款人：　　复核：　　开票人：徐建信

第二联：发票联 购货方记账凭证

---

经-8

**上海市工业企业统一发票**

工商执照字号：　　　　　　　　　　　发　票　　　　　沪Ⅱ(14)　No. 0854822
开户银行：徐办徐分处
账　号：2478321

购货单位：上海大力五金厂　　　　　　　　　　　　　××××年1月9日

| 货号 | 品名规格或加工修理 | 计量单位 | 数量 | 单价 | 金　额<br>十万千百十元角分 | 备注 |
|---|---|---|---|---|---|---|
| | 锻件 | 件 | 2 | 1 193.12 | 2 3 8 6 2 4 | |
| | | | | | | |
| | | | | | | |
| | | | | | | |
| 合计人民币（大写） | 贰仟叁佰捌拾陆元贰角肆分 | | | | ￥2 3 8 6 2 4 | |

企业（盖章有效）：[上海第一机械锻压厂发票专用章]　　财务：　　开票：徐宽仁
地　址：

②发票联

经—8

| 被背书人 上海大力五金厂 | 被背书人 | 被背书人 |
|---|---|---|
| 背书：<br>[支票专用章 上海交电五金公司] [龚胜 利印] | 背书： | 背书： |
| 日期 ××××年1月9日 | 日期　年　月　日 | 日期　年　月　日 |

编者注：本转账支票正面金额为50 000.00元，正面内容从略。

---

经—9

工商执照字号：
开户银行：黄办延东分理处
账　号：4567811

## 上海市服务业统一发票
### 发　票

沪黄Ⅱ (90) No. 4030061

购货单位　上海大力五金厂　　　　　　××××年1月10日

| 项目 | 摘　　要 | 单位 | 数量 | 单价 | 金　额 |||||||
|---|---|---|---|---|---|---|---|---|---|---|---|
| | | | | | 千 | 百 | 十 | 元 | 角 | 分 | |
| | 印图表 | 张 | 100 | | | | 7 | 4 | 4 | 0 | ②发票联 |
| 合计人民币（大写）　柒拾肆元肆角整 | | | | | ￥ | | 7 | 4 | 4 | 0 | |

企业盖章有效
地　址　[上海延安打字誊印社发票专用章]　　　财务　　　开票　史继明

经—9

**3100062270** 上海增值税专用发票 No. 10818499

发 票 联

开票日期：××××年1月10日

| 购货单位 | 名称 | 上海五金交电公司 | | 税务登记号 | 3 1 0 5 0 7 1 0 3 3 8 4 0 2 5 | | | | |
|---|---|---|---|---|---|---|---|---|---|
| | 地址、电话 | 淮海路145号 电话：64464710 | | 开户银行及账号 | 市分行营业部 6741432 | | | | |

| 货物或应税劳务名称 | 规格型号 | 计量单位 | 数量 | 单价 | 金额 万千百十元角分 | 税率(%) | 税额 万千百十元角分 |
|---|---|---|---|---|---|---|---|
| 铆钉 | 1# | 千只 | 1 000 | 9.33 | 9 3 3 0 0 0 | 17 | 1 5 8 6 1 0 |
| 铆钉 | 2# | 千只 | 400 | 10.60 | 4 2 4 0 0 0 | 17 | 7 2 0 8 0 |
| 铆钉 | 3# | 千只 | 2 200 | 12.19 | 2 6 8 1 8 0 0 | 17 | 4 5 5 9 0 6 |
| 合 计 | | | | | 4 0 3 8 8 0 0 | | 6 8 6 5 9 6 |

| 价税合计 | ⊗拾肆万柒仟贰佰伍拾叁元玖角陆分 | ￥47 253.96 |
|---|---|---|
| 备 注 | | |

| 销货单位 | 名称 | 上海大力五金厂 | 税务登记号 | 3 1 0 5 0 7 1 0 0 4 9 2 0 3 4 |
|---|---|---|---|---|
| | 地址、电话 | 江苏路400号 电话：64305782 | 开户银行及账号 | 长宁区办延分处 7844511 |

销货单位（章） 上海大力五金厂发票专用章　　收款人：　　复核：　　开票人：徐建信

---

经—9

工商执照字号：

开户银行 静安区静分处
账　号　5570003

上海市商业企业统一发票

发　票

沪Ⅱ静(21) 88-2183572

购货单位：上海大力五金厂　　地址　　　　　　××××年1月4日

| 货号 | 品名规格 | 计量单位 | 数量 | 单价 | 金额 万千百十元角分 |
|---|---|---|---|---|---|
| | 硝酸银 | 千克 | 4.4 | | 4 9 6 9 0 |
| | | | | | |
| | | | | | |
| | | | | | |

| 合计人民币（大写） | 肆佰玖拾陆元玖角整 | ￥ 4 9 6 9 0 |
|---|---|---|

企业（盖章有效） 上海源源药房发票专用章
地址　　　　　　　　　　财务　　　　　开票 高德惠

经—9

## 上海市商业企业统一发票

工商执照字号：  
开户银行：工商银行虹办武分处  
账　号：1361002  

发　票

沪Ⅱ(21)虹 88-8283613

购货单位：上海大力五金厂　　地址：＿＿＿＿＿　　××××年1月2日

| 货号 | 品名规格 | 计量单位 | 数量 | 单价 | 金额 万千百十元角分 |
|---|---|---|---|---|---|
|  | 电焊条 | 千克 | 118.4 | 20.65 | 2 4 4 4 9 6 |
|  |  |  |  |  |  |
|  |  |  |  |  |  |
|  |  |  |  |  |  |
| 合计人民币（大写） | 贰仟肆佰肆拾肆元玖角陆分 |  |  |  | ￥2 4 4 4 9 6 |

企业：（盖章有效）［上海第七五金商店发票专用章］  
地址：  
财务　　开票 施萍

②发票联

---

经—9

## 中国工商银行　支票

支票号码 AC10869411

（沪）

签发日期：××××年1月10日

开户银行名称：市分行营业部  
签发人账号：6741432

收款人：上海大力五金厂

| 人民币（大写） | 肆万柒仟贰佰伍拾叁元玖角陆分 | 千百十万千百十元角分 ￥4 7 2 5 3 9 6 |

用途：支付铆钉货款（发票号 001813）  
上列款项请从我账户内支付

本支票付款期十天，可以流通转让。

支票专用章［上海五金交电公司］　利胜 龚印　签发人盖章

科目（付）＿＿＿＿  
对方科目（收）＿＿＿＿  
转账日期　年　月　日  
复核　　记账　　验印

经—10

3100062270  上海增值税专用发票  No. 17885387

发 票 联

开票日期：××××年1月11日

| 购货单位 | 名 称 | 上海大力五金厂 | | 税务登记号 | 3105071004920 34 | | |
|---|---|---|---|---|---|---|---|
| | 地址、电话 | 江苏路400号 电话：64305782 | | 开户银行及账号 | 长宁区办延分处 7844511 | | |

| 货物或应税劳务名称 | 规格型号 | 计量单位 | 数量 | 单价 | 金额 万千百十元角分 | 税率(%) | 税额 万千百十元角分 |
|---|---|---|---|---|---|---|---|
| 牛皮纸 | | 令 | 36 | 251.00 | 9 0 3 6 0 0 | 17 | 1 5 3 6 1 2 |
| | | | | | | | |
| 合  计 | | | | | 9 0 3 6 0 0 | | 1 5 3 6 1 2 |

| 价税合计 | ⊗拾壹万零仟伍佰柒拾贰元壹角贰分 ￥10 572.12 |
|---|---|
| 备 注 | |

| 销货单位 | 名 称 | 上海立信会计纸品厂 | 税务登记号 | 3105071062476 48 |
|---|---|---|---|---|
| | 地址、电话 | 溧阳路417号 电话：65148136 | 开户银行及账号 | 虹口区办 1343104 |

销货单位(章)：上海立信会计纸品厂发票专用章    收款人：    复核：    开票人：邱 秋

第二联：发票联 购货方记账凭证

---

经—10

上海市服务业统一发票

工商执照字 号：

开户银行：黄办延东分理处
账 号：456781

发 票

沪黄Ⅱ (90) No. 4306060

××××年1月11日

客 户  上海大力五金厂

| 项 目 | 摘 要 | 单位 | 数量 | 单价 | 金 额 千百十元角分 |
|---|---|---|---|---|---|
| | 印质量表 | 张 | 1 000 | | 3 3 3 9 0 |
| | | | | | |
| | | | | | |
| | | | | | |
| 合计人民币(大写) | 叁佰叁拾叁元玖角整 | | | ￥ | 3 3 3 9 0 |

企业(盖章有效)  上海延安打字誉印社发票专用章
地 址：    财务    开票 华 益

②发票联

经—10

**3100062270**　　　上海增值税专用发票　　　No. 10001814

发 票 联

开票日期：××××年1月11日

| 购货单位 | 名称 | 上海五金交电公司 | | | 税务登记号 | 3105071033 84025 | | |
|---|---|---|---|---|---|---|---|---|
| | 地址、电话 | 淮海路145号　电话：64464710 | | | 开户银行及账号 | 市分行营业部 6741432 | | |

| 货物或应税劳务名称 | 规格型号 | 计量单位 | 数量 | 单价 | 金额 万千百十元角分 | 税率 (%) | 税额 万千百十元角分 |
|---|---|---|---|---|---|---|---|
| 按扣 | 1# | 千只 | 2 000 | 5.03 | 1 0 0 6 0 0 0 | 17 | 1 7 1 0 2 0 |
| 按扣 | 2# | 千只 | 1 480 | 6.70 | 9 9 1 6 0 0 | 17 | 1 6 8 5 7 2 |
| 按扣 | 3# | 千只 | 4 400 | 8.38 | 3 6 8 7 2 0 0 | 17 | 6 2 6 8 2 4 |
| 合　计 | | | | | 5 6 8 4 8 0 0 | | 9 6 6 4 1 6 |

| 价税合计 | ⊗拾陆万陆仟伍佰壹拾贰元壹角陆分 | ￥66 512.16 |
|---|---|---|
| 备　注 | | |

| 销货单位 | 名称 | 上海大力五金厂 | 税务登记号 | 3105071004 92034 |
|---|---|---|---|---|
| | 地址、电话 | 江苏路400号　电话：64305782 | 开户银行及账号 | 长宁区办延分处 7844511 |

销货单位(章)：上海大力五金厂发票专用章　　收款人：　　复核：　　开票人：徐建信

第二联：发票联　购货方记账凭证

---

经—10

**银行承兑汇票**　　　2　　XI 2055119

签发日期　××××年1月11日　　　第　号

| 收款人 | 全称 | 上海大力五金厂 | 承兑申请人 | 全称 | 上海五金交电公司 |
|---|---|---|---|---|---|
| | 账号 | 7844511 | | 账号 | 6741432 |
| | 开户银行 | 长办延分处　行号 | | 开户银行 | 市分行营业部 |

| 汇票金额 | 人民币(大写) 陆万陆仟伍佰壹拾贰元壹角陆分 | 千百十万千百十元角分 ￥ 6 6 5 1 2 1 6 |
|---|---|---|

汇票到期日　××××年2月11日

本汇票送请你行承兑，并确认《银行结算办法》和承兑协议的各项规定。
此致
承兑银行
　　承兑申请人盖章
　　　××××年1月11日

承兑协议编号　　　交易合同号码　发票#1814

支票专用章　交电公司上海五金　利龚印胜

科目(付)＿＿＿＿
对方科目(收)＿＿＿＿
转账
日期　年　月　日
复核　　记账

本汇票经本行承兑，到期日由本行付交。
工商银行市分行营业部
承兑银行盖章
××××年1月11日

汇票签发人盖章
负责　经办

此联收款人开户银行向承兑行收取票款时作联行往来账付出传票

经—11

## 付 款 凭 单

××××年1月12日

编号 _____
附单据 1 张

| 受款人 | 李 明 |
| --- | --- |
| 付款用途 | 暂借外埠出差费用 |
| 金额 | 人民币（大写）贰仟伍佰元整　　　　¥2 500.00 |

财务主管　　记账　　出纳　　部门主管 楼兴　　制单　　受款人收签 李明

---

经—11

No. 0120384

## 收　据

入账日期：××××年1月12日

| 交款单位 | 上海大力五金厂 | 收款方式 | 现金 |
| --- | --- | --- | --- |
| 人民币(大写) | 壹元陆角整 | | ¥1.60 |
| 收款事由 | 槽钢吊费 | | |

××××年1月12日

单位盖章：上钢一厂延西车间收款专用章

财会主管 钱顺　记账　出纳 刘平　审核　经办 赵明

（一）收据

---

经—11

No. 3850120

## 收　据

入账日期：××××年1月12日

| 交款单位 | 上海大力五金厂 | 收款方式 | 现金 |
| --- | --- | --- | --- |
| 人民币(大写) | 贰拾贰元柒角柒分 | | ¥22.77 |
| 收款事由 | 招待客饭 | | |

××××年1月12日

单位盖章：上海市长宁区新华街道食堂收款专用章

财会主管 崔殿和　记账　出纳 王祥　审核　经办 徐俊

（一）收据

经—11

## 上海市商业企业统一发票

工商执照字号：
开户银行：青浦县支行
账　号：3674584

**发　票**

沪Ⅱ(21)青 88-3581206

客户：上海大力五金厂　　地址：　　　　　××××年1月12日

| 货号 | 品名规格 | 计量单位 | 数量 | 单价 | 金额 万千百十元角分 | |
|---|---|---|---|---|---|---|
| #3495 | 纸箱 | 只 | 667 | | 1 3 0 9 5 0 | ②发票联 |
| | | | | | | |
| | | | | | | |
| | | | | | | |

合计人民币（大写）：壹仟叁佰零玖元伍角整　　￥1 3 0 9 5 0

企业（盖章有效）地址：上海青浦五金纸张商店发票专用章　　财务　　开票 陆根生

---

经—11

## 北京市工业企业统一发票

工商执照字号：
开户银行：北京市大统路分理处
账　号：5866043

**发　票**

No. 0855760

购货单位：上海市大力五金厂　　　　　　××××年1月12日

| 货号 | 品名规格或加工修理 | 计量单位 | 数量 | 单价 | 金额 十万千百十元角分 | 备注 |
|---|---|---|---|---|---|---|
| | 代付运费 | | | | 5 8 5 7 | ②发票联 |
| | | | | | | |
| | | | | | | |
| | | | | | | |

合计人民币（大写）：伍拾捌元伍角柒分　　￥5 8 5 7

企业（盖章有效）地址：北京红桥服装厂发票专用章　　财务 邱丽　　开票 范路

经-11

## 上海市商业企业统一发票

工商执照字号：
开户银行：青浦县支行
账号：3674584

**发 票**

沪Ⅱ(21)青 88-2183524

购货单位：上海大力五金厂　　地址：　　　　　　　　　××××年1月12日

| 货号 | 品名规格 | 计量单位 | 数量 | 单价 | 金额 万千百十元角分 |
|---|---|---|---|---|---|
|  | 内销盒子 | 只 | 33 300 |  | 　　3 6 7 9 7 9 |
|  |  |  |  |  |  |
|  |  |  |  |  |  |
|  |  |  |  |  |  |

合计人民币（大写）：叁仟陆佰柒拾玖元柒角玖分　　¥ 3 6 7 9 7 9

企业（盖章有效）：上海青浦五金纸张商店发票专用章
地址：
财务：　　开票：陆根生

发票联②

---

经-11

No. 001080

## 上海供电局上海供电所

**电费账单（代收据）**

××××年 1月

上海大力五金厂

| 调整内容 | 用电度数 | 万千百十元角分 |
|---|---|---|
| 灯 1—12月差额 | 62.798 | 　　　2 1 8 4 9 |
| 力 1—12月差额 | 224.1084 | 　8 0 2 0 5 3 |
| 工力 7—12月差额 | 446.480 | 　　1 5 7 1 6 4 |
| 1— 月（免捐） |  |  |
| 加价煤差额合计 |  | ¥ 9 8 1 0 6 6 |

电费过期按日收取电费金额的万分之五滞纳金起点灯户伍角力户壹元

本账单收到请即缴付经收款处盖收讫章后即作正式收据并保存壹年

统册号：　　付款期限：1月15日

经—12

## 委托收款 凭证(付款通知)

委收号码：
第 号 5

委托日期 ××××年1月13日　　付款期限：××××年1月15日

| 收款人 | 全称 | 上海供电所 | 付款人 | 全称 | 上海大力五金厂 |
|---|---|---|---|---|---|
| | 账号 | 5432765 | | 账号 | 7844511 |
| | 开户银行 | 市分行营业部　行号 | | 开户银行 | 长办延分处 |

委收金额 人民币(大写)：玖仟捌佰壹拾元零陆角陆分

| 千 | 百 | 十 | 万 | 千 | 百 | 十 | 元 | 角 | 分 |
|---|---|---|---|---|---|---|---|---|---|
| | | | ¥ | 9 | 8 | 1 | 0 | 6 | 6 |

| 款项内容 | 1月份电费 | 委托收款凭据名称 | 电费账单 | 附寄单证张数 | 壹 |
|---|---|---|---|---|---|

备注：

付款单位注意：
1. 根据结算办法，上列委托收款，如在付款期限内未拒付时，即视同全部同意付款，以此联代付款通知。
2. 如需提前付款或多付款时，应另写书面通知送银行办理。
3. 如系全部或部分拒付，应在付款期限内另填拒绝付款理由书送银行办理。

单位主管　　会计　　复核　　记账　　　　付款人开户行盖章　　　月　日

此联付款人开户银行给付款人按期付款的通知

---

经—13

No. 152788

## 收　据

入账日期：××××年1月14日

交款单位　上海大力五金厂　　　　收款方式　转账支票

人民币(大写)　壹佰捌拾元整　　　　　　　　¥180.00

收款事由　铁箱押金

　　　　　　　　　　　　　　　　　　　　××××年1月14日

单位盖章：上海勤丰容器厂 收款专用章

财会主管　记账　出纳郁　审核　经办严玲玲　张玲玲

(一)收据

经—13

**上海市商业企业统一发票**

工商执照字号：
开户银行：市分行营业部
账　　号：0445403

发　票

沪 I (20) 市 88-1381356

购货单位：上海大力五金厂　　地址：　　　　　××××年1月12日

| 货号 | 品名规格 | 计量单位 | 数量 | 单价 | 金额 万千百十元角分 |
|---|---|---|---|---|---|
|  | 无缝管 4×40mm | 千克 | 161 |  | 2 9 0 4 0 |
|  |  |  |  |  |  |
|  |  |  |  |  |  |
|  |  |  |  |  |  |
| 合计人民币（大写） | 贰佰玖拾元肆角整 |  |  |  | ¥ 2 9 0 4 0 |

②发票联

企业（盖章有效）地址：上海金属材料公司第一供应站发票专用章
财务　　开票　严聪

---

经—13

3100062270　　**上海增值税专用发票**　　No. 10854809

发　票　联

开票日期：××××年1月14日

| 购货单位 | 名称 | 上海大力五金厂 | 税务登记号 | 3 1 0 5 0 7 1 0 0 4 9 2 0 3 4 |
|---|---|---|---|---|
|  | 地址、电话 | 江苏路400号 电话:64305782 | 开户银行及账号 | 长宁区办延分处 7844511 |

| 货物或应税劳务名称 | 规格型号 | 计量单位 | 数量 | 单价 | 金额 万千百十元角分 | 税率(%) | 税额 万千百十元角分 |
|---|---|---|---|---|---|---|---|
| 加工铜丝 | 6—8×φ3mm | 千克 | 6 672 | 1.57 | 1 0 4 7 5 0 4 | 17 | 1 7 8 0 7 6 |
|  |  |  |  |  |  |  |  |
| 合　计 |  |  |  |  | 1 0 4 7 5 0 4 |  | 1 7 8 0 7 6 |
| 价税合计 | ⊗拾壹万贰仟贰佰伍拾伍元捌角零分 |  |  |  |  |  | ¥12 255.80 |
| 备　注 |  |  |  |  |  |  |  |

第二联：发票联　购货方记账凭证

| 销货单位 | 名称 | 上海有色合金线材厂 | 税务登记号 | 3 1 0 5 0 7 1 0 5 2 4 1 6 4 3 |
|---|---|---|---|---|
|  | 地址、电话 | 凯旋路1100号 电话:64418312 | 开户银行及账号 | 长办延分处 7832502 |

销货单位（章）：上海有色合金线材厂发票专用章　　收款人：　　复核：　　开票人：陈中良

经-13

## 银行承兑汇票  2  XI 2055135

签发日期 ××××年1月14日  第 号

| 收款人 | 全称 | 上海大力五金厂 | 承兑申请人 | 全称 | 上海五金交电公司 |
|---|---|---|---|---|---|
| | 账号 | 7844511 | | 账号 | 6741432 |
| | 开户银行 | 长办延分处  行号 | | 开户银行 | 市分行营业部 |

汇票金额（大写）人民币 陆万肆仟捌佰伍拾陆元捌角肆分　　￥6 4 8 5 6 8 4（千百十万千百十元角分）

汇票到期日 ××××年3月14日

本汇票送请你行承兑，并确认《银行结算办法》和承兑协议的各项规定。
此致
承兑银行
　　承兑申请人盖章
　　　　　　××××年1月14日

承兑协议编号　　　　交易合同号码　发票#1817

支票专用章　交电公司　上海五金　　利龚印胜

科目(付)＿＿＿＿
对方科目(收)＿＿＿＿
转账
日期　年　月　日
复核　　　记账

本汇票经本行承兑，到期日由本行付交。
工商银行市分行营业部
承兑银行盖章
××××年1月14日

汇票签发人盖章
负责　　经办

此联收款人开户银行往来账付出传票作收款人开户银行向承兑行收取票款时传票

---

经-13

3100062270　　## 上海增值税专用发票　　No. 16112835

### 发 票 联

开票日期：××××年1月14日

| 购货单位 | 名称 | 上海大力五金厂 | 税务登记号 | 3 1 0 5 0 7 1 0 0 4 9 2 0 3 4 |
|---|---|---|---|---|
| | 地址、电话 | 江苏路400号　电话：64305782 | 开户银行及账号 | 长宁区办延分处 7844511 |

| 货物或应税劳务名称 | 规格型号 | 计量单位 | 数量 | 单价 | 金额 十万千百十元角分 | 税率(%) | 税额 万千百十元角分 |
|---|---|---|---|---|---|---|---|
| 锌皮 | | 千克 | 51 650 | 2.69 | 1 3 8 9 3 8 5 0 | | 2 3 6 1 9 5 5 |
| 合计 | | | | | 1 3 8 9 3 8 5 0 | | 2 3 6 1 9 5 5 |

价税合计　壹拾陆万贰仟伍佰伍拾捌元零角伍分　　￥162 558.05

备注

| 销货单位 | 名称 | 上海金属材料公司第二供应站 | 税务登记号 | 3 1 0 5 0 7 1 0 6 1 4 7 3 3 9 |
|---|---|---|---|---|
| | 地址、电话 | 云南路754号　电话：64837652 | 开户银行及账号 | 市分行营业部 0456715 |

销货单位(章): 上海金属材料公司第二供应站发票专用章　　收款人:　　复核:　　开票人: 郭冲

第二联：发票联　购货方记账凭证

经—13

3100062270

## 上海增值税专用发票

No. 10818499

### 发票联

开票日期：××××年1月14日

| 购货单位 | 名称 | 上海五金交电公司 | | 税务登记号 | 31050710338 4025 | | | |
|---|---|---|---|---|---|---|---|---|
| | 地址、电话 | 淮海路145号 电话：64464710 | | 开户银行及账号 | 市分行营业部6741432 | | | |
| 货物或应税劳务名称 | 规格型号 | 计量单位 | 数量 | 单价 | 金额 万千百十元角分 | 税率(%) | 税额 万千百十元角分 | |
| 按扣 | 1# | 千只 | 1 640 | 5.03 | 8 2 4 9 2 0 | 17 | 1 4 0 2 3 6 | |
| 按扣 | 2# | 千只 | 3 040 | 6.70 | 2 0 3 6 8 0 0 | 17 | 3 4 6 2 5 6 | |
| 按扣 | 3# | 千只 | 3 200 | 8.38 | 2 6 8 1 6 0 0 | 17 | 4 5 5 8 7 2 | |
| 合计 | | | | | 5 5 4 3 3 2 0 | | 9 4 2 3 6 4 | |
| 价税合计 | ⊗拾陆万肆仟捌佰伍拾陆元捌角肆分 | | | | | | ￥64 856.84 | |
| 备注 | | | | | | | | |
| 销货单位 | 名称 | 上海大力五金厂 | | 税务登记号 | 31050710049 2034 | | | |
| | 地址、电话 | 江苏路400号 电话：64305782 | | 开户银行及账号 | 长宁区办延分处7844511 | | | |

销货单位(章)： 上海大力五金厂 发票专用章　　收款人：　　复核：　　开票人：徐建信

---

经—14

No. 262688

## 收　据

入账日期：××××年1月15日

| 交款单位 | 上海大力五金厂 | 收款方式 | 现金 |
|---|---|---|---|
| 人民币(大写) | 叁元叁角整 | | ￥3.30 |
| 收款事由 | 验车费 | | |

××××年1月15日

单位盖章：上海市长宁区新华街道办事处收款专用章

财会主管　记账　出纳　审核 曾根华　经办 徐丽俊

经—14

No. 2389029

# 收　据

入账日期：××××年1月15日

交款单位　上海大力五金厂　　　　　　　收款方式　现金

人民币(大写)　贰元壹角贰分　　　　　　￥2.12

收款事由　工具保管费

××××年1月15日

| 单位盖章 | 上海市长宁区新华街道办事处收款专用章 | 财会主管 | 记账 | 出纳 曾根华 | 审核 | 经办 徐丽俊 |

---

经—14

## 上海市商业企业统一发票

### 发　票

工商执照字号：
开户银行　长办延西分理处
账　号　　6743252

沪Ⅱ长(21) 88-2183556

××××年1月15日

购货单位　上海大力五金厂　　地址

| 货号 | 品名规格 | 计量单位 | 数量 | 单价 | 金额 万 千 百 十 元 角 分 |
|---|---|---|---|---|---|
|  | 菜盆 | 只 | 3 | 1.53 | 　　　　　4 5 9 |
|  |  |  |  |  |  |
|  |  |  |  |  |  |
|  |  |  |  |  |  |

合计人民币(大写)　肆元伍角玖分　　　　￥4.59

企业(盖章有效)　上海工艺日用杂品店发票专用章
地址
财务　　　开票　孟小师

②发票联

经—14

No. 1020390

# 收 据

入账日期：××××年1月15日

| 交款单位 | 上海大力五金厂 | 收款方式 | 现金 |

人民币(大写) 壹拾伍元整　　　　　　　¥15.00

收款事由　华渊龙学费

××××年1月15日

单位盖章：上海市卢湾区职工业余学校收款专用章

财会主管　记账　出纳 宋文　审核　经办 胡萍

---

经—14

No. 2627880

# 收 据

入账日期：××××年1月15日

| 交款单位 | 上海大力五金厂 | 收款方式 | 现金 |

人民币(大写) 伍元玖角捌分　　　　　　　¥5.98

收款事由　代垫上月市内运费

××××年1月15日

单位盖章：上海市长宁区新华街道办事处收款专用章

财会主管　记账　出纳 曾根华　审核　经办 徐丽俊

经—15

100043621　　　**北京增值税专用发票**　　　No. 13603128

发 票 联

开票日期：××××年1月16日

| 购货单位 | 名　称 | 上海大力五金厂 | | 税务登记号 | 3 1 0 5 0 7 1 0 0 4 9 2 0 3 4 | | |
|---|---|---|---|---|---|---|---|
| | 地址、电话 | 江苏路400号　电话：64305782 | | 开户银行及账号 | 长宁区办延分处 7844511 | | |

| 货物或应税劳务名称 | 规格型号 | 计量单位 | 数量 | 单价 | 金　额 十万千百十元角分 | 税率(%) | 税　额 万千百十元角分 |
|---|---|---|---|---|---|---|---|
| 锌皮 | | 千克 | 50 000 | 5.55 | 1 7 7 5 9 9 4 0 | 17 | 3 0 1 9 1 9 0 |
| 代垫运费 | | | | | 5 3 2 0 0 | 17 | 9 0 4 4 |
| 合　计 | | | | | 1 7 8 1 3 1 4 0 | | 3 0 2 8 2 3 4 |

| 价税合计 | 贰拾零万捌仟肆佰壹拾叁元柒角肆分 | ￥208 413.74 |
|---|---|---|
| 备　注 | | |

| 销货单位 | 名　称 | 北京市金属材料公司第二供应站 | 税务登记号 | 3 2 4 7 5 8 1 4 6 3 0 1 6 1 8 |
|---|---|---|---|---|
| | 地址、电话 | 长安街964号　电话：38567810 | 开户银行及账号 | 市分行营业部 768214 |

销货单位(章)：北京市金属材料公司第二供应站发票专用章　　收款人：　　复核：　　开票人：黄忠保

第二联：发票联　购货方记账凭证

---

经—15

工商执照字号：

开户银行：卢办瑞金路分理处
账　号：5247213

**上海市商业企业统一发票**　　沪Ⅱ卢(21) 88-8321507

发 票

购货单位　上海大力五金厂　　地址　　　　　××××年1月16日

| 货　号 | 品　名　规　格 | 计量单位 | 数量 | 单价 | 金　额 万千百十元角分 | |
|---|---|---|---|---|---|---|
| | 中、西药(另附清单) | | | | 1 7 4 4 9 4 | ② 发票联 |
| | | | | | | |
| | | | | | | |
| | | | | | | |
| 合计人民币(大写) | 壹仟柒佰肆拾肆元玖角肆分 | | | ￥ | 1 7 4 4 9 4 | |

企业(盖章有效)：上海德永药房发票专用章
地　址　　　　　　　　　　财务　　　　开票　方兆敏

经—15

**中国工商银行** 上海分行　　XI 054541

**银 行 汇 票**（多余款收账通知）　4　第　号

付款期：壹个月

签发日期　贰零××年1月5日（大写）　　兑付地点：北京　兑付行：市分行　行号：A09

收款人：北京市金属公司第二供应站　　账号或地址：北京市分行营业部05535

汇款金额　人民币（大写）贰拾壹万元整

实际结算金额　人民币（大写）贰拾万零捌仟肆佰壹拾叁元柒角肆分　　￥208413.74

汇款人：上海大力五金厂　　账号或住址：_____

签发行：长办延分行号：B11

汇款用途：购锌皮

签发行盖章：

多余金额　￥1586.26　　××××年1月5日

左列退回多余金额已收入你账户内。

财务主管　复核　经办　　××××年1月16日

此联签发行结清后交汇款人

---

经—16

3100062270　**上海增值税专用发票**　No. 10001816

**发　票　联**

开票日期：××××年1月13日

| 购货单位 | 名　称 | 上海五金交电公司 | | 税务登记号 | 3105071033840025 | | | |
|---|---|---|---|---|---|---|---|---|
| | 地址、电话 | 淮海路145号　电话：64464710 | | 开户银行及账号 | 市分行营业部6741432 | | | |

| 货物或应税劳务名称 | 规格型号 | 计量单位 | 数量 | 单价 | 金额 | 税率(%) | 税额 |
|---|---|---|---|---|---|---|---|
| 铆钉 | 1# | 千只 | 1 000 | 9.33 | 9 330.00 | | 1 586.10 |
| 铆钉 | 2# | 千只 | 400 | 10.60 | 4 240.00 | | 720.80 |
| 铆钉 | 3# | 千只 | 1 200 | 12.19 | 14 628.00 | | 2 486.76 |
| 合　计 | | | | | 28 198.00 | | 4 793.66 |
| 价税合计 | ⊗拾叁万贰仟玖佰玖拾壹元陆角陆分 | | | | ￥32 991.66 | | |
| 备　注 | | | | | | | |

| 销货单位 | 名　称 | 上海大力五金厂 | 税务登记号 | 3105071004920234 |
|---|---|---|---|---|
| | 地址、电话 | 江苏路400号　电话：64305782 | 开户银行及账号 | 长宁区办延分处7844511 |

销货单位（章）：上海大力五金厂 发票专用章　　收款人：　　复核：　　开票人：徐建信

第二联：发票联　购货方记账凭证

经—16

## 中国工商银行　支票

支票号码 AC10869763

签发日期：××××年1月17日

开户银行名称：市分行营业部
签发人账号：6741432

收款人：上海大力五金厂

人民币（大写）叁万贰仟玖佰玖拾壹元陆角陆分　￥3299166

（千百十万千百十元角分）

用途：支付购铆钉货款（发票号001816）

上列款项请从我账户内支付

支票专用章　上海五金交电公司　利印　龚胜　　签发人盖章

本支票付款期十天，可以流通转让。

科目（付）..................
对方科目（收）..............
转账日期　年　月　日
复核　　记账　　验印

---

经—17

## 银行承兑汇票　2　XI 2055653

签发日期　××××年1月18日　第　号

| 收款人 | 全称 | 上海大力五金厂 | 承兑申请人 | 全称 | 上海五金交电公司 |
|---|---|---|---|---|---|
| | 账号 | 7844511 | | 账号 | 6741432 |
| | 开户银行 | 长办延分处　行号 | | 开户银行 | 市分行营业部 |

汇票金额　人民币（大写）伍万壹仟叁佰伍拾叁元肆角壹分　￥5135341
（千百十万千百十元角分）

汇票到期日　××××年3月18日

本汇票送请你行承兑，并确认《银行结算办法》和承兑协议的各项规定。
此致
承兑银行
承兑申请人盖章
××××年3月18日

承兑协议编号

支票专用章　上海五金交电公司　利印　龚胜

汇票签发人盖章
负责　经办

交易合同号码　发票#1819

科目（付）..................
对方科目（收）..............
转账
日期　年　月　日
复核　　记账

本汇票经本行承兑，到期日由本行付交。
工商银行市分行营业部
承兑银行盖章
××××年3月18日

此联作联款人开户银行向承兑行收取票款付出传票收款人往来账付出传票

会计模拟实习　95

经—17

## 上海增值税专用发票

3100062270　　　　　　　　　　　　　　　　　　　　No. 10001819

**发 票 联**

开票日期：××××年1月18日

| 购货单位 | 名　称 | 上海五金交电公司 | | | 税务登记号 | 3105071033840025 | | | | | | | | | | | | |
|---|---|---|---|---|---|---|---|---|---|---|---|---|---|---|---|---|---|---|
| | 地址、电话 | 淮海路145号　电话：64464710 | | | 开户银行及账号 | 市分行营业部 6741432 | | | | | | | | | | | | |

| 货物或应税劳务名称 | 规格型号 | 计量单位 | 数量 | 单价 | 金　额 | | | | | | | | 税率(%) | 税　额 | | | | | | | |
|---|---|---|---|---|---|---|---|---|---|---|---|---|---|---|---|---|---|---|---|---|---|
| | | | | | 万 | 千 | 百 | 十 | 元 | 角 | 分 | | 万 | 千 | 百 | 十 | 元 | 角 | 分 |
| 按扣 | 3# | 千只 | 3 160 | 8.38 | | 2 | 6 | 4 | 8 | 0 | 8 | 0 | | | 4 | 5 | 0 | 1 | 7 | 4 |
| 弹簧扣 | 1# | 千只 | 1 000 | 5.75 | | | 5 | 7 | 5 | 0 | 0 | 0 | | | | 9 | 7 | 7 | 5 | 0 |
| 弹簧扣 | 2# | 千只 | 1 690 | 6.90 | | 1 | 1 | 6 | 6 | 1 | 0 | 0 | | | 1 | 9 | 8 | 2 | 3 | 7 |
| 合　计 | | | | | | 4 | 3 | 8 | 9 | 1 | 8 | 0 | | | 7 | 4 | 6 | 1 | 6 | 1 |

| 价税合计 | ⊗拾伍万壹仟叁佰伍拾叁元肆角壹分 | ¥51 353.41 |
|---|---|---|
| 备　注 | | |

| 销货单位 | 名　称 | 上海大力五金厂 | 税务登记号 | 3105071004920234 |
|---|---|---|---|---|
| | 地址、电话 | 江苏路400号　电话：64305782 | 开户银行及账号 | 长宁区办延分处 7844511 |

销货单位（章）：[上海大力五金厂 发票专用章]　　收款人：　　复核：　　开票人：徐建信

---

经—17

## 上海市照相业统一发票

②

**发 票 联**

客户 大力五金厂
地址 江苏路400号　　　　　　　　　　　　××××年1月18日

| 寸别 | 类别 | 张数 | 单价 | 合计 | |
|---|---|---|---|---|---|
| | 照片广告 | 20 | | 21.86 | 本发票经单位盖章有效。凭单取照三个月为限，过期不取，恕不负责，底片随照发还，注意检收。 |

1月21日12时取照　　合计人民币（大写）贰拾壹元捌角陆分

企业盖章有效　[票专用章 摄影社 上海和田发]　地址

经—17

## 收 款 凭 单

××××年1月18日　　　　　　　　　　　　　编号　41414

| 交款人 | 李 明 |
|---|---|
| 交款事由 | 出差借款2 500元,余款退回 |
| 金额 | 人民币(大写) 叁佰捌拾玖元肆角伍分　　　　¥389.45 |

财务主管　　　记账　　　出纳 何凤　　　制单 何凤

---

经—17

No. 882759

## 收 据

入账日期：××××年1月18日

| 交货单位 | 上海大力五金厂 | 收款方式 | 转账支票 |
|---|---|---|---|
| 人民币(大写) | 壹佰叁拾元整 | | ¥130.00 |
| 收款事由 | 袁渊琦学费 | | |
| | | | ××××年1月28日 |

单位盖章：上海市长宁区业余学校收款专用章

财会主管　　记账　　出纳 郑唤敏　　审核　　经办 胡菊萍

(一)收据

经—17

# 外埠出差费报销单（代转账凭证）

凭单编号：_____  
附单据 107 张  
报销日期：××××年1月18日

出差人姓名：李明等5人

| 部门 | | | | | | 供销科 | | | | | | | | | | | | | 事由 | | | | | 采购材料 | | |
|---|---|---|---|---|---|---|---|---|---|---|---|---|---|---|---|---|---|---|---|---|---|---|---|---|---|---|
| 起止时间 | | | | 地址 | | 车船票 | 未乘卧铺补贴 | | 在途补贴 | | 住宿费 | | 出勤补贴 | | 市内交通费 | 其他费用 | | |
| 起程 | | 到达 | | 起 | 到 | | 人天 | 金额 | 人天 | 金额 | 人天 | 金额 | 人天 | 金额 | | 摘要 | 金额 |
| 月 | 日 | 月 | 日 | | | | | | | | | | | | | | |
| 1 | 6 | 1 | 7 | 上海 | 北京 | 420.00 | 5 | | 5 | 40.00 | 5 | 865.00 | 5 | 225.00 | 33.55 | 电报 | 67.00 |
| 1 | 16 | 1 | 17 | 北京 | 上海 | 420.00 | 5 | | 5 | 40.00 | 5 | | | | | | |
| | | | | | 小计 | 840.00 | | | | 80.00 | | 865.00 | | 225.00 | 33.55 | | 67.00 |

原借支 ¥2 500.00　　核销 ¥2 110.55　　退补 ¥389.45

共计人民币（大写）贰仟壹佰壹拾元伍角伍分

| | | 会计 | | |
|---|---|---|---|---|
| | | 分录 | 借方 | 贷方 |

财会主管　出差报销人员：李明　王武敏  
部门主管　徐建信　　　　　向建　张清华  
记账　　　　　　　　　　　叶忠丽  
出纳

经—17

# 上海市增值税缴款书

No. 061541

所属日期：××××年1月份1期

第五联：收据（收款后交缴款单位）

| 主管公司（业别） | 日用五金公司 | 缴款单位 | 名称（全称） | | | | | | | | | | 账号 | | | | | | | | | |
|---|---|---|---|---|---|---|---|---|---|---|---|---|---|---|---|---|---|---|---|---|---|---|
| 经济性质 | 全民 | | 地址 | | | | | | | | | | | | | | | | | | | |
| | | | 开户银行 | | | | | | | | | | | | | | | | | | | |

| 类别 | 税目及产品名称 | 课税数量 | 纳税销售额 | | | | | | | | 税率(%) | 应计税额 | 进项税额 | 实计税款金额 | | | | | | | |
|---|---|---|---|---|---|---|---|---|---|---|---|---|---|---|---|---|---|---|---|---|---|
| | | | 千 | 百 | 十 | 万 | 千 | 百 | 十 | 元 | 角 | 分 | | | | 百 | 十 | 万 | 千 | 百 | 十 | 元 | 角 | 分 |
| | 按扣 | | | | | | | | | | | | | | | | | | | | | |
| | 弹簧扣 | | | | | | | | | | | | | | | | | | | | | |
| | 铆钉 | | | | | | | | | | | | | | | | | | | | | |
| 产品税合计 | | | | | | | | | | | | | | | | | | | | | | |

按实计纳税额7%计征城市维护建设税

税款总计金额人民币（大写）

逾期　　天，每天按税款千分之五计算加收滞纳金

税款滞纳金总计金额人民币（大写）

缴款单位如以此联代发票，分录如下

增

| 收款人 | 机关 | 收款银行 | |
|---|---|---|---|
| 填发人 | | | |
| 年　月　日填发 | | 交款期限：×× 年 1月 18 日 | |

会计模拟实习 103

经-17

No. 0470909

# 上 海 市
## 企业所得税缴款书

税款所属时间：××××年1月份　期　　级次

第五联：（收款后交缴款单位）

| 隶属关系 | | 款号 | | | 收款单位 | 名称（全称） | | | 账号 | |
|---|---|---|---|---|---|---|---|---|---|---|
| 主管部门 | 日用五金公司 | | | | | 地址 | | | | |
| 企业类型 | 大中型 | 小型 √ | 饮食服务 | 县以上供销社 | | 开户银行 | | | | |

| 销售收入或收益额 | 所得额 | 纳税所得额 | 税率（%） | 减：速算扣除数 | 应纳税额 | 已纳税额 | 本次交纳税额 千百十万千百十元角分 |
|---|---|---|---|---|---|---|---|
| | | | | | | | |
| | | | | | | | |
| | | | | | | | |

税款金额人民币(大写)

逾期　　　天，每天按税款千分之五计算加收滞纳金

税滞款纳金总计人民币(大写)

缴款单位如以此联代发票，分录如下

| 国 | 收 | 　年　月　日 | 收款银行 |
|---|---|---|---|
| 所 | 入 | | |
| | 机 | | |
| | 关 | | |

交款期限：××××年1月18日

会计模拟实习 105

经-18

3100062270　　　　　　上海增值税专用发票　　　　　No. 10854813

发 票 联

开票日期：××××年1月19日

| 购货单位 | 名称 | 上海大力五金厂 | | 税务登记号 | 31050710049 2034 | | | |
|---|---|---|---|---|---|---|---|---|
| | 地址、电话 | 江苏路400号　电话：64305782 | | 开户银行及账号 | 长宁区办延分处7844511 | | | |
| 货物或应税劳务名称 | 规格型号 | 计量单位 | 数量 | 单价 | 金　额 万千百十元角分 | 税率(%) | 税　额 万千百十元角分 | |
| 黄铜带 | 0.27×205mm | 千克 | 1 120 | 6.344 | 7 1 0 5 2 8 | 17 | 1 2 0 7 9 0 | |
| | | | | | | | | |
| | | | | | | | | |
| 合　计 | | | | | 7 1 0 5 2 8 | | 1 2 0 7 9 0 | |
| 价税合计 | ⊗拾⊗万捌仟叁佰壹拾叁元壹角捌分 | | | | | | ¥8 313.18 | |
| 备　注 | | | | | | | | |
| 销货单位 | 名称 | 上海冶炼厂 | | 税务登记号 | 31050710823 9462 | | | |
| | 地址、电话 | 平凉路914号　电话：64829433 | | 开户银行及账号 | 杨办平分处4932000 | | | |

销货单位(章)：上海冶炼厂发票专用章　　收款人：　　复核：　　开票人：

---

经-18

3100062270　　　　　　上海增值税专用发票　　　　　No. 10001815

发 票 联

开票日期：××××年1月12日

| 购货单位 | 名称 | 中国轻工进出口公司 | | 税务登记号 | 31050710428 3145 | | | |
|---|---|---|---|---|---|---|---|---|
| | 地址、电话 | 汉口路380号　电话：64743510 | | 开户银行及账号 | 市分行营业部5743218 | | | |
| 货物或应税劳务名称 | 规格型号 | 计量单位 | 数量 | 单价 | 金　额 万千百十元角分 | 税率(%) | 税　额 万千百十元角分 | |
| 按扣 | 1# | 盒 | 1 000 | 8.69 | 8 6 9 0 0 0 | 17 | 1 4 7 7 3 0 | |
| 按扣 | 3# | 盒 | 1 000 | 14.48 | 1 4 4 8 0 0 0 | 17 | 2 4 6 1 6 0 | |
| | | | | | | | | |
| 合　计 | | | | | 2 3 1 7 0 0 0 | | ¥3 938 90 | |
| 价税合计 | ⊗拾贰万柒仟壹佰零拾捌元玖角零分 | | | | | | ¥27 108.90 | |
| 备　注 | | | | | | | | |
| 销货单位 | 名称 | 上海大力五金厂 | | 税务登记号 | 31050710049 2034 | | | |
| | 地址、电话 | 江苏路400号　电话：64305782 | | 开户银行及账号 | 长宁区办延分处7844511 | | | |

销货单位(章)：上海大力五金厂发票专用章　　收款人：　　复核：　　开票人：徐建信

经—18

## 中国工商银行　支票

支票号码 AC43624892

签发日期：××××年1月19日

开户银行名称：市分行营业部
签发人账号：5743218

收款人：上海大力五金厂

人民币（大写）　贰万柒仟壹佰零捌元玖角整　　¥27108.90

用途：支付按扣（1#、3#）货款（发票号001815）
上列款项请从我账户内支付

本支票付款期十天，可以流通转让。

[专用章 司支票 中轻公] [娥章 江常]

签发人盖章　　科目（付）　　对方科目（收）　　转账日期　年　月　日　　复核　记账　验印

---

经—19

No. 882762

## 收　据

入账日期：××××年1月22日

交货单位：上海大力五金厂　　收款方式：现金

人民币（大写）壹拾贰元整　　¥12.00

收款事由：通阴沟费

××××年1月22日

单位盖章：[上海市长宁区新华街道办事处收款专用章]

财会主管　记账　出纳　曾根华　审核　经办　徐丽俊

（一）收据

| 被背书人 | 被背书人 | 被背书人 |
|---|---|---|
| 背书：<br><br>日期　年　月　日 | 背书：<br><br>日期　年　月　日 | 背书：<br><br>日期　年　月　日 |

经—19

# 暂 支 单
××××年1月22日　　　　　编号＿＿＿＿

| 受款人 | 孙益荣 | | | | | | |
|---|---|---|---|---|---|---|---|
| 暂支事由 | 出差暂支 | | | | | | |
| 暂支金额 | 人民币(大写) 壹仟伍佰元整 | | | ￥1 500.00 | | | |
| 预计归还日期 | 年　月　日 | | | 科目 | 189 其他应收款 | | |
| 财务主管 | 记账 | 出纳 | 部门主管 | 制单 | 孙益荣 | 受款人(签收) | 孙益荣 |

---

经—19

No. 882807

# 中轻出口公司收据
入账日期：××××年1月22日

| 交款单位 | 上海大力五金厂 | 收款方式 | 现　金 |
|---|---|---|---|
| 人民币(大写) | 捌拾元零壹角伍分 | | ￥80.15 |
| 收货事由 | 产品包装赔偿费 | | |
| | | | ××××年1月22日 |

(一) 收据

单位盖章：中轻出口公司质检科收款专用章

财会主管 崔健　记账　出纳　审核　经办 徐纳

经—20
3100062270　　　　上海增值税专用发票　　　　No. 10001820
　　　　　　　　　　　　发　票　联

开票日期：××××年1月23日

| 购货单位 | 名　称 | 中国轻工进出口公司 | | | 税务登记号 | 3105071042831 4 5 | | | |
|---|---|---|---|---|---|---|---|---|---|
| | 地址、电话 | 汉口路380号　电话：64743510 | | | 开户银行及账号 | 市分行营业部 5743218 | | | |
| 货物或应税劳务名称 | 规格型号 | 计量单位 | 数　量 | 单　价 | 金　额 万千百十元角分 | | 税率(%) | 税　额 万千百十元角分 | |
| 按扣 | 2# | 盒 | 2 120 | 11.58 | 2 4 5 4 9 6 0 | | 17 | 4 1 7 3 4 3 | |
| 按扣 | 3# | 盒 | 700 | 14.48 | 1 0 1 3 6 0 0 | | 17 | 1 7 2 3 1 2 | |
| 合　计 | | | | | 3 4 6 8 5 6 0 | | | 5 8 9 6 5 5 | |
| 价税合计 | ⊗拾肆万零仟伍佰捌拾贰元壹角伍分 | | | | | | | ￥40 582.15 | |
| 备　注 | | | | | | | | | |
| 销货单位 | 名　称 | 上海大力五金厂 | | | 税务登记号 | 3105071004920 3 4 | | | |
| | 地址、电话 | 江苏路400号　电话：64305782 | | | 开户银行及账号 | 长宁区办延分处 7844511 | | | |

销货单位(章)：[上海大力五金厂发票专用章]　　收款人：　　复核：　　开票人：徐建信

第二联：发票联　购货方记账凭证

---

经—20

中国工商银行　　支票　　　　支票号码 AC283147921

　　　　　　　签发日期：××××年1月23日

开户银行名称：市分行营业部
收款人：上海大力五金厂　　　　签发人账号：5743218

| 人民币(大写) | 肆万零伍佰捌拾贰元壹角伍分 | 千百十万千百十元角分 ￥ 4 0 5 8 2 1 5 |
|---|---|---|

用途：支付购1#、3#按扣（发票号001820）

上列款项请从我账户内支付

科目(付)..................
对方科目(收)..................

[专用章 司支票 中轻公] [娥江章 常]

签发人盖章　　复核　　记账　　验印

转账日期　年　月　日

本支票付款期十天，可以流通转让。

经—21

| 工商执照字号： | | **上海市商业企业统一发票** | 沪Ⅱ黄 88-558312 |
|---|---|---|---|
| 开户银行：黄浦区办延东分理处 | | 发 票 | (21)黄 |
| 账 号：4567811 | | | |

购货单位：上海大力五金厂　　地址：　　　　　　××××年1月24日

| 货号 | 品名规格 | 计量单位 | 数量 | 单价 | 金额 万 千 百 十 元 角 分 |
|---|---|---|---|---|---|
| | 复印费 | 张 | 20 | 0.66 | 　　　　1 3 2 0 |
| | | | | | |
| | | | | | |
| 合计人民币（大写） | 壹拾叁元贰角整 | | | | ￥1 3 2 0 |

企业（盖章有效）：上海延安誉印社发票专用章　　财务：　　　　开票：石洁山
地址：

---

经—21

**付 款 凭 单**　　编号：

××××年1月24日　　附单据 1 张

| 受款人 | 金丽云 |
|---|---|
| 付款用途 | 困难补助 |
| 金额 | 人民币（大写）陆拾元整　　￥60.00 |

| 财务主管 | 记账 | 出纳 | 部门主管 曾根娣 | 制单 | 受款人收 金丽云 |

---

经—21

## 上海对外经济贸易实业公司外贸商场
Shanghai Foreign Trade Enterprises Corporation Foreign Trade Market

地址：南京东路24号　　　　　　　工商综零登字 11229 号
Add：24E. Rd. Nanjing　　**发　票**
电话：230148　　　　　　**RECEIPT**　　税直四甲字中外总—7008 号
Tel：

购货客户：上海大力五金厂　　　　　　××××年1月24日

| 货号 Number | 货名 Commodity | 数量 Quantity | 单价 Unit price | 金额 Amount 十 万 千 百 十 元 角 分 |
|---|---|---|---|---|
| | 电器零件 | 壹（套） | 1.98 | 　　　　　1 9 8 |
| | | | | |
| 合计人民币（大写）Total RMB | 壹元玖角捌分 | | RMB | ￥1 9 8 |

收款章　　　　　　　　　　柜号 612—B　　经手人 11724

经—21

## 工人疗养院
### 收据联

No. 089614

今收到 刘文洁　　下列费用　　××××年1月11日

| 收款名称 | 备注 | 金额 |||||
|---|---|---|---|---|---|---|
| | | 百 | 十 | 元 | 角 | 分 |
| 伙食费补贴 | | | 1 | 7 | 0 | 0 |
| 往返火车费 | | | 1 | 9 | 4 | 0 |
| 游览汽车费 | | | 1 | 6 | 4 | 5 |
| 床位费 | | | | 7 | 5 | 0 |
| 城建费 | | | | 1 | 6 | 5 |
| 合计人民币：陆拾贰元整 | | ¥ | 6 | 2 | 0 | 0 |

---

经—21

3100062270

## 上海增值税专用发票
### 发票联

No. 11283561

开票日期：××××年1月24日

| 购货单位 | 名称 | 上海大力五金厂 | 税务登记号 | 3 1 0 5 0 7 1 0 0 4 9 2 0 3 4 |
|---|---|---|---|---|
| | 地址、电话 | 江苏路400号　电话：64305782 | 开户银行及账号 | 长宁区办延分处 7844511 |

| 货物或应税劳务名称 | 规格型号 | 计量单位 | 数量 | 单价 | 金额 万千百十元角分 | 税率(%) | 税额 万千百十元角分 |
|---|---|---|---|---|---|---|---|
| 氢化钠 | | 千克 | 3 312 | 5.00 | 1 6 5 6 0 0 0 | 17 | 2 8 1 5 2 0 |
| 合计 | | | | | 1 6 5 6 0 0 0 | | 2 8 1 5 2 0 |
| 价税合计 | ⊗拾壹万玖仟叁佰柒拾伍元贰角零分 | | | | | | ¥19 375.20 |
| 备注 | | | | | | | |

| 销货单位 | 名称 | 上海源源药房 | 税务登记号 | 3 1 0 5 0 7 4 3 8 4 4 2 8 4 5 |
|---|---|---|---|---|
| | 地址、电话 | 华山路850号　电话：64481473 | 开户银行及账号 | 静安区办静分处 5570003 |

销货单位(章)：上海源源药房发票专用章　　收款人：　　复核：　　开票人：高德惠

第二联：发票联 购货方记账凭证

经—21

# 委托收款 凭证(付款通知)

委收号码：5  第 号

委托日期 ××××年1月24日   付款期限：××××年1月25日

| 收款人 | 全称 | 上自公司营业所 | | 付款人 | 全称 | 上海大力五金厂 |
|---|---|---|---|---|---|---|
| | 账号 | 3462581 | | | 账号 | 7844511 |
| | 开户银行 | 市分行营业部 | 行号 | | 开户银行 | 长办延分处 |

| 委收金额 | 人民币(大写) | 贰仟肆佰捌拾叁元柒角陆分 | 千百十万千百十元角分 ￥2 4 8 3 7 6 |
|---|---|---|---|

| 款项内容 | 1月份水费 | 委托收款凭据名称 | 水费账单 | 附寄单证张数 | 壹 |
|---|---|---|---|---|---|

备注：

付款单位注意：
1. 根据结算办法，上列委托收款，如在付款期限内未拒付时，即视同全部同意付款，以此联代付款通知。
2. 如需提前付款或多付款时，应另写书面通知送银行办理。
3. 如系全部或部分拒付，应在付款期限内另填拒绝付款理由书送银行办理。

此联付款人开户银行给付款人按期付款的通知

单位主管　　会计　　复核　　记账　　付款人开户行盖章　　月　日

---

经—21

# 上海市自来水公司营业所水费账单

## （代收据）

××××年1月份

上海大力五金厂

112373

| 本月抄见数 | 用水量(立方米) | 金　额 |
|---|---|---|
| 3 358 401 | 20 698 | 2 483.76 |

收款盖章　　　　下次抄表9日　　　　付款期限1月25日

经—21
3100062270

## 上海增值税专用发票     No. 16212835
### 发票联

开票日期：××××年1月24日

| 购货单位 | 名称 | 上海大力五金厂 | | 税务登记号 | 3 1 0 5 0 7 1 0 0 4 9 2 0 3 4 | | | |
|---|---|---|---|---|---|---|---|---|
| | 地址、电话 | 江苏路400号 电话：64305782 | | 开户银行及账号 | 长宁区办延分处 7844511 | | | |

| 货物或应税劳务名称 | 规格型号 | 计量单位 | 数量 | 单价 | 金额 万千百十元角分 | 税率（%） | 税额 万千百十元角分 |
|---|---|---|---|---|---|---|---|
| 锌皮 | | 千克 | 25 286 | 2.05 | 5 1 8 3 6 3 0 | | 8 8 1 2 1 7 |
| | | | | | | | |
| | | | | | | | |
| 合 计 | | | | | 5 1 8 3 6 3 0 | | 8 8 1 2 1 7 |
| 价税合计 | ⊗拾陆万零仟陆佰肆拾捌元肆角柒分 | | | | | | ￥60 648.47 |
| 备 注 | | | | | | | |

| 销货单位 | 名称 | 上海金属材料公司第二供应站 | | 税务登记号 | 3 1 0 5 0 7 1 0 6 1 4 7 3 3 9 | | | |
|---|---|---|---|---|---|---|---|---|
| | 地址、电话 | 云南路754号 电话：64837652 | | 开户银行及账号 | 市分行营业部 0456715 | | | |

销货单位（章）：上海金属材料公司第二供应站发票专用章　　收款人：　　复核：　　开票人：郭 冲

第二联：发票联 购货方记账凭证

---

经—22
3100062270

## 上海增值税专用发票     No. 10001821
### 发票联

开票日期：××××年1月25日

| 购货单位 | 名称 | 上海五金交电公司 | | 税务登记号 | 3 1 0 5 0 7 1 0 3 3 8 4 0 2 5 | | | |
|---|---|---|---|---|---|---|---|---|
| | 地址、电话 | 淮海路145号 电话：64464710 | | 开户银行及账号 | 市分行营业部 6741432 | | | |

| 货物或应税劳务名称 | 规格型号 | 计量单位 | 数量 | 单价 | 金额 万千百十元角分 | 税率（%） | 税额 万千百十元角分 |
|---|---|---|---|---|---|---|---|
| 铆钉 | 1# | 千只 | 1 000 | 9.33 | 9 3 3 0 0 0 | 17 | 1 5 8 6 1 0 |
| 铆钉 | 2# | 千只 | 1 400 | 10.60 | 1 4 8 4 0 0 0 | 17 | 2 5 2 2 8 0 |
| 铆钉 | 3# | 千只 | 400 | 12.19 | 4 8 7 6 0 0 | 17 | 8 2 8 9 2 |
| 合 计 | | | | | 2 9 0 4 6 0 0 | | 4 9 3 7 8 2 |
| 价税合计 | ⊗拾叁万叁仟玖佰捌拾叁元捌角贰分 | | | | | | ￥33 983.82 |
| 备 注 | | | | | | | |

| 销货单位 | 名称 | 上海大力五金厂 | | 税务登记号 | 3 1 0 5 0 7 1 0 0 4 9 2 0 3 4 | | | |
|---|---|---|---|---|---|---|---|---|
| | 地址、电话 | 江苏路400号 电话：64305782 | | 开户银行及账号 | 长宁区办延分处 7844511 | | | |

销货单位（章）：上海大力五金厂发票专用章　　收款人：　　复核：　　开票人：徐建信

经—22
3100062270　　　　　上海增值税专用发票　　　　No. 10001822
　　　　　　　　　　　　　　发　票　联

开票日期：××××年1月25日

| 购货单位 | 名称 | 中国轻工出口公司 | | | 税务登记号 | 3105071042831 45 | | |
|---|---|---|---|---|---|---|---|---|
| | 地址、电话 | 汉口路380号　电话：64743510 | | | 开户银行及账号 | 市分行营业部 5743218 | | |

| 货物或应税劳务名称 | 规格型号 | 计量单位 | 数量 | 单价 | 金额（万千百十元角分） | 税率(%) | 税额（万千百十元角分） |
|---|---|---|---|---|---|---|---|
| 按扣 | 2# | 盒 | 2 000 | 11.58 | 2 3 1 6 0 0 0 | 17 | 3 9 3 7 2 0 |
| | | | | | | | |
| 合　计 | | | | | 2 3 1 6 0 0 0 | | 3 9 3 7 2 0 |

| 价税合计 | ⊗拾贰万柒仟零佰玖拾柒元贰角零分 | ¥27 097.20 |
|---|---|---|
| 备　注 | | |

| 销货单位 | 名称 | 上海大力五金厂 | 税务登记号 | 3105071004920 34 |
|---|---|---|---|---|
| | 地址、电话 | 江苏路400号　电话：64305782 | 开户银行及账号 | 长宁区办延分处 7844511 |

销货单位（章）：【上海大力五金厂 发票专用章】　收款人：　　复核：　　开票人：徐建信

---

经—22
3100062270　　　　　上海增值税专用发票　　　　No. 10854819
　　　　　　　　　　　　　　发　票　联

开票日期：××××年1月25日

| 购货单位 | 名称 | 上海大力五金厂 | | | 税务登记号 | 3105071004920 34 | | |
|---|---|---|---|---|---|---|---|---|
| | 地址、电话 | 江苏路400号　电话：64305782 | | | 开户银行及账号 | 长宁区办延分处 7844511 | | |

| 货物或应税劳务名称 | 规格型号 | 计量单位 | 数量 | 单价 | 金额（万千百十元角分） | 税率(%) | 税额（万千百十元角分） |
|---|---|---|---|---|---|---|---|
| 黄铜带 | 0.27×205mm | 千克 | 1 650 | 6.22 | 1 0 2 6 4 6 5 | 17 | 1 7 4 4 9 9 |
| | | | | | | | |
| 合　计 | | | | | 1 0 2 6 4 6 5 | | 1 7 4 4 9 9 |

| 价税合计 | ⊗拾壹万贰仟零佰零拾玖元陆角肆分 | ¥12 009.64 |
|---|---|---|
| 备　注 | | |

| 销货单位 | 名称 | 上海冶炼厂 | 税务登记号 | 3105071082394 62 |
|---|---|---|---|---|
| | 地址、电话 | 平凉路914号　电话：64829433 | 开户银行及账号 | 杨办平分处 4932000 |

销货单位（章）：【上海冶炼厂 发票专用章】　收款人：　　复核：　　开票人：

经—22

## 中国工商银行 支票

支票号码 AC564358932

签发日期：××××年1月25日

开户银行名称：市分行营业部

收款人：上海大力五金厂

签发人账号：6741432

本支票付款期十天，可以流通转让。

| 人民币（大写） | 叁万叁仟玖佰捌拾叁元捌角贰分 | 千 | 百 | 十万 | 千 | 百 | 十 | 元 | 角 | 分 |
|---|---|---|---|---|---|---|---|---|---|---|
| | | | ¥ | 3 | 3 | 9 | 8 | 3 | 8 | 2 |

用途：支付购1#、2#、3#铆钉货款（发票号001821）

上列款项请从我账户内支付

| 支票专用章 | 上海五金交电公司 | 利印 龚胜 |
|---|---|---|

签发人盖章　　科目(付)＿＿＿＿
　　　　　　　对方科目(收)＿＿＿＿
　　　　　　　转账日期　　年　月　日
　　　　　　　复核　　记账　　验印

---

经—22

## 中国工商银行 支票

支票号码 AC93621074

签发日期：××××年1月25日

开户银行名称：市分行营业部

收款人：上海大力五金厂

签发人账号：5743218

本支票付款期十天，可以流通转让。

| 人民币（大写） | 贰万柒仟零玖拾柒元贰角整 | 千 | 百 | 十万 | 千 | 百 | 十 | 元 | 角 | 分 |
|---|---|---|---|---|---|---|---|---|---|---|
| | | | ¥ | 2 | 7 | 0 | 9 | 7 | 2 | 0 |

用途：支付购2#按扣货款（发票号001822）

上列款项请从我账户内支付

| 专用章 | 中轻出口公司支票 | 娥章 江常 |
|---|---|---|

签发人盖章　　科目(付)＿＿＿＿
　　　　　　　对方科目(收)＿＿＿＿
　　　　　　　转账日期　　年　月　日
　　　　　　　复核　　记账　　验印

会计模拟实习

经-23

# 中国人民保险公司上海市分公司
( )
### 第二联 保险费收据 ××××年1月26日

兹收到 上海大力五金厂 （1~6月份）

保险费（大写）金额 肆仟伍佰肆拾伍元叁角肆分 ￥4 545.34

系付财产险 保单38467号的保险费
批

主管　　　　　　　　复核　　　　　　　　经办 李浦光

本收据凭银行收款入账后生效

---

经-23

| 工商执照 | |
|---|---|
| 字　　号： | |
| 开户银行 | 市分行营业部 |
| 账　　号 | 0445403 |

## 上海市商业企业统一发票
### 发　票

沪Ⅱ市 88-8312515
(20)

购货单位 上海大力五金厂　　地址　　　　　　××××年1月26日

| 货　号 | 品　名　规　格 | 计量单位 | 数量 | 单价 | 金额 万 千 百 十 元 角 分 |
|---|---|---|---|---|---|
| | 薄钢4×40mm | 千克 | 1 204 | | 　 　 2 1 4 3 1 6 |
| | | | | | |
| | | | | | |
| | | | | | |
| 合计人民币（大写） 贰仟壹佰肆拾叁元壹角陆分 | | | | ￥ | 　 　 2 1 4 3 1 6 |

②发票联

企业（盖章有效）
地　址：上海市金属材料公司第一供应站发票专用章

财务　　开票 严聪

经-23

No. 882754

# 收 据

入账日期：××××年1月26日

| | | | |
|---|---|---|---|
| 交款单位 | 上海大力五金厂 | 收款方式 | 转账支票 |
| 人民币(大写) | 叁仟零叁拾贰元柒角叁分 | | ¥3 032.73 |
| 收款事由 | 委托纸盒二十四厂代购白版纸 | | |

××××年1月26日

单位盖章：上海纸张批发部收款专用章

财会主管　记账　出纳 潘娟　审核　经办 戴舒

---

经-23

3100062270

## 上海增值税专用发票
### 发票联

No. 12183758

开票日期：××××年1月26日

| 购货单位 | 名称 | 上海大力五金厂 | | | 税务登记号 | 31050710049 2034 | | | | | | | |
|---|---|---|---|---|---|---|---|---|---|---|---|---|---|
| | 地址、电话 | 江苏路400号　电话：64305782 | | | 开户银行及账号 | 长宁区办延分处 7844511 | | | | | | | |

| 货物或应税劳务名称 | 规格型号 | 计量单位 | 数量 | 单价 | 金额 万千百十元角分 | 税率(%) | 税额 万千百十元角分 |
|---|---|---|---|---|---|---|---|
| 珠光片 | 4×1mm | 万片 | 70 | | 1 0 7 3 6 2 5 | 17 | 1 8 2 5 1 6 |
| | | | | | | | |
| 合计 | | | | | 1 0 7 3 6 2 5 | | 1 8 2 5 1 6 |
| 价税合计 | ⊗拾壹万贰仟伍佰陆拾壹元肆角壹分 | | | | | | ¥12 561.41 |
| 备注 | | | | | | | |

| 销货单位 | 名称 | 上海家用电器商店 | 税务登记号 | 31050728441 4834 |
|---|---|---|---|---|
| | 地址、电话 | 番禺路696号　电话：64657312 | 开户银行及账号 | 长宁区办 2361075 |

销货单位(章)：上海家用电器商店发票专用章　　收款人：　　复核：　　开票人：周莉莉

会计模拟实习

经—24

**3100062270**

## 上海增值税专用发票

No. 10854828

### 发 票 联

开票日期：××××年1月27日

| 购货单位 | 名称 | 上海大力五金厂 | | | 税务登记号 | 3 1 0 5 0 7 1 0 0 4 9 2 0 3 4 | | |
|---|---|---|---|---|---|---|---|---|
| | 地址、电话 | 江苏路400号 电话：64305782 | | | 开户银行及账号 | 长宁区办延分处 7844511 | | |

| 货物或应税劳务名称 | 规格型号 | 计量单位 | 数量 | 单价 | 金额<br>万千百十元角分 | 税率(%) | 税额<br>万千百十元角分 |
|---|---|---|---|---|---|---|---|
| 黄铜带 | 0.27×205mm | 千克 | 1 281 | | 7 8 9 2 2 4 | 17 | 1 3 4 1 6 8 |
| | | | | | | | |
| | | | | | | | |
| 合　计 | | | | | 7 8 9 2 2 4 | | 1 3 4 1 6 8 |

| 价税合计 | ⊗拾⊗万玖仟贰佰叁拾叁元玖角贰分 | ¥9 233.92 |
|---|---|---|
| 备　注 | | |

| 销货单位 | 名称 | 上海冶炼厂 | | | 税务登记号 | 3 1 0 5 0 7 1 0 8 2 3 9 4 6 2 |
|---|---|---|---|---|---|---|
| | 地址、电话 | 平凉路914号 电话：64829433 | | | 开户银行及账号 | 杨办平分处 4932000 |

销货单位(章)：上海冶炼厂发票专用章　　收款人：　　复核：　　开票人：徐建信

第二联：发票联 购货方记账凭证

---

经—24

## 上海市商业企业统一发票

沪Ⅱ长(21) 88-8186738

### 发　票

| 工商执照字号： | | ××××年1月27日 |
|---|---|---|
| 开户银行 | 长办延分处 | |
| 账　号 | 78457604 | |

购货单位：上海大力五金厂　　地址：　　××××年1月27日

| 货号 | 品名规格 | 计量单位 | 数量 | 单价 | 金额<br>万千百十元角分 |
|---|---|---|---|---|---|
| | 大皮扫帚(大号) | 把 | 182 | 0.66 | 1 2 0 1 2 |
| | 大皮扫帚(中号) | 把 | 25 | 0.334 | 8 3 5 |
| | 大皮扫帚(小号) | 把 | 13 | 0.26 | 3 3 8 |
| | | | | | |

合计人民币(大写)：壹佰叁拾壹元捌角伍分　　¥ 1 3 1 8 5

② 发票联

企业(盖章有效)：上海红艺日用品商店发票专用章　　财务　　开票 舒桔
地　址：

经—24

## 上海市煤气公司营业所　××××年
### 煤气费账单（代收据）　　　1月

煤

上海大力五金厂　　　　　　　　　　　　　　　　137975—1

| 用户注意： | 本月抄见数 | 消费量（立方米） | 金　额 |
|---|---|---|---|
| 为加速资金周转，切勿逾期缴付煤气费，如超期则按章另缴滞纳金或采取暂停供应煤气的措施。恢复供气时需缴付复接费。如在抄表日的次日尚未收到账单，请在5天内及时联系。 | 946 755 | 54 000 | 5 400.00 |

收款盖章　　　　下月抄表 09 日　　　　最后付款日期 1.30

---

经—24

**委邮**　　**委托收款** 凭证（付款通知）5　　委收号码：　　　第　号

委托日期 ××××年1月27日　　付款期限：××××年1月30日

| 收款人 | 全　称 | 上海市煤气公司营业所 | 付款人 | 全　称 | 上海大力五金厂 |
|---|---|---|---|---|---|
| | 账　号 | 321489 | | 账　号 | 7844511 |
| | 开户银行 | 市分行营业部　行号 | | 开户银行 | 长办延分处 |

委收金额 人民币：伍仟肆佰元整（大写）　　　　　　￥5 400 00（千百十万千百十元角分）

| 款项内容 | 1月份煤气 | 委托收款凭证名称 | 煤气费收据 | 附寄单证张数 | 壹 |
|---|---|---|---|---|---|

备注：　　　　　　　　　　付款单位注意：
1. 根据结算办法，上列委托收款，如在付款期限内未拒付时，即视同全部同意付款，以此联代付款通知。
2. 如需提前付款或多付款时，应另写书面通知送银行办理。
3. 如系全部或部分拒付，应在付款期限内另填拒绝付款理由书送银行办理。

单位主管　　会计　　复核　　记账　　　　付款人开户行盖章　　　月　日

此联付款人开户银行给付款人按期付款的通知

经—24

No. 278863

## 上海市市政工程公司养路费收据

入账日期：××××年1月27日

| 交款单位 | 上海大力五金厂 | 收款方式 | 转账支票 |

人民币(大写) 叁仟叁佰陆拾元整　　　¥3 360.00

收款事由　支付(1~6月份)养路费

××××年1月27日

（一）收据

单位盖章：上海市政工程公司收款专用章

财会主管　记账　出纳　胡春红　审核　经办　程东

---

经—25

### 上海特种灯泡二厂

地址：中山北路3500号　　电话：总机548295

轻工：普字10016号
沪税直三甲证字第3422号

### 发　票

沪I No. 201608

××××年1月28日

| 付款方式 | |
|---|---|
| 现金 | |
| 支票 | ✓ |
| 托收 | |
| 汇款 | |
| 其他 | |

| 单位 | 上海大力五金厂 | 账号 | 247—04330991 |
| 地址 | 上海市长宁区江苏路400号 | 开户银行 | 普陀区办师大所 |

| 货号 | 名称及规格 | 单位 | 数量 | 单价 | 金额 十万千百十元角分 |
|---|---|---|---|---|---|
| | 珠光片 | 万片 | 49.35 | 150.00 | 7 4 0 2 5 0 |
| | | | | | |
| | | | | | |
| | | | | | |

总计人民币(大写) 柒仟肆佰零贰元伍角整　　¥7 402.50

3. 银行托付请注明发票号码
2. 现金付款凭现金收讫章有效
1. 货款请在三日内付清

本单位盖章：上海特种灯泡二厂发票专用章

客户签名：大力五金厂 李进　　经手人：刁兵

会计模拟实习　135

经—25

## 暂 支 单
××××年1月28日

编号

| 受款人 | 李 宁 | | | | |
|---|---|---|---|---|---|
| 暂支事由 | 采购备用金 | | | | |
| 暂支金额 | 人民币(大写)贰拾元整 | | | ￥20.00 | |
| 预计归还日期 | 年 月 日 | | 科 目 | 1221其他应收款 | |
| 财务主管 | 记账 | 出纳 | 部门主管 陆同 | 制单 李宁 | 受款人(签收) 李宁 |

---

经—25

## 付 款 凭 单
××××年1月28日

编号
附单据 1 张

| 受款人 | 许文俊 | | | | |
|---|---|---|---|---|---|
| 付款用途 | 市内差旅费 | | | | |
| 金额 | 人民币(大写)贰拾伍元整 | | | ￥25.00 | |
| 财务主管 | 记账 | 出纳 | 部门主管 | 制单 曾根娣 | 受款人签收 许文俊 |

经-25

## 营养金支款清单

×××× .1

| 姓 名 | 金 额 | 签 名 |
|---|---|---|
| 高长清 | 31.40 | 高长清 |
| 龚 哲 | 31.40 | 龚 哲 |
|  |  |  |
|  |  |  |
|  |  |  |
|  |  |  |
|  |  |  |
|  |  |  |
| 合 计 | 62.80 |  |

制单人：叶 敏　　　　　　　　　　　审核人：金 涛

---

经-25

工商执照字 号：
开户银行：虹口区办
账 号：1343704

## 上海市商业企业统一发票
### 发　票

沪Ⅱ(21)虹 88-3263635

购货单位：上海大力五金厂　　地址：　　　　　　××××年1月28日

| 货 号 | 品名规格 | 计量单位 | 数量 | 单价 | 金额 万千百十元角分 |
|---|---|---|---|---|---|
|  | 报告纸 | 刀 | 200 |  | 1 2 2 2 0 |
|  |  |  |  |  |  |
|  |  |  |  |  |  |
|  |  |  |  |  |  |

合计人民币（大写）壹佰贰拾贰元贰角整　　　　　¥ 1 2 2 2 0

企业（盖章有效）：上海立信会计纸品厂 门市部发票专用章
地址：
财务　　　开票 顾云飞

经—25

**上海增值税专用发票**   No. 11283583

3100062270

发 票 联

开票日期：××××年1月28日

| 购货单位 | 名称 | 上海大力五金厂 | | 税务登记号 | 3 1 0 5 0 7 1 0 0 4 9 2 0 3 4 | | | |
|---|---|---|---|---|---|---|---|---|
| | 地址、电话 | 江苏路400号 电话：64305782 | | 开户银行及账号 | 长宁区办延分处 7844511 | | | |
| 货物或应税劳务名称 | 规格型号 | 计量单位 | 数量 | 单价 | 金额 万千百十元角分 | 税率(%) | 税额 万千百十元角分 | |
| 电解铜 | | 千克 | 10 000 | 5.68 | 5 6 8 0 0 0 0 | 17 | 9 6 5 6 0 0 | |
| 合 计 | | | | | 5 6 8 0 0 0 0 | | 9 6 5 6 0 0 | |
| 价税合计 | ⊗拾陆万陆仟肆佰伍拾陆元零角零分 | | | | | | ¥66 456.00 | |
| 备 注 | | | | | | | | |
| 销货单位 | 名称 | 上海市金属材料公司第二供应站 | | 税务登记号 | 3 1 0 5 0 7 1 0 6 1 4 7 3 3 9 | | | |
| | 地址、电话 | 云南路754号 电话：64837652 | | 开户银行及账号 | 市分行营业部 0456715 | | | |

第二联：发票联 购货方记账凭证

销货单位（章）： 上海金属材料公司第二供应站发票专用章   收款人：   复核：   开票人：

---

经—25

**上海市商业企业统一发票**   沪Ⅰ(20)市 88-1283598

工商执照字 号：
开户银行 市分行营业部
账 号： 0456715

发 票

购货单位 上海大力五金厂   地址_____   ××××年1月28日

| 货号 | 品 名 规 格 | 计量单位 | 数量 | 单价 | 金额 万千百十元角分 |
|---|---|---|---|---|---|
| | 锌板1# | 千克 | 978 | 2.07 | 2 0 2 4 4 6 |
| | | | | | |
| | | | | | |
| 合计人民币（大写） | 贰仟零贰拾肆元肆角陆分 | | | | ¥2 0 2 4 4 6 |

② 发票联

企业（盖章有效） 上海金属材料公司第二供应站发票专用章
地 址   财务   开票 严聪

经—25

**上海新乐五金机电商店** 门沪

企业登记证
一商黄字 64780 号
沪税黄字乙—1905 号

地址：上海贵州路126号　电话：63206189　电报挂号：7015
开户行：工商银行上海市分行营业部　账号：244—06640945

### 发 票（正本）

合同编号 _____

购货单位　上海大力五金厂　　　　　开票日期 ××××年1月28日

| 仓库凭证号码及货位 | 品名及规格 | 单位 | 数量 | 单价 | 金　额 十万千百十元角分 |
|---|---|---|---|---|---|
|  | 电烙铁 | 把 | 2 | 6.74 | 　　　1 3 4 8 |
|  |  |  |  |  |  |
|  |  |  |  |  |  |
|  |  |  |  |  | ¥　1 3 4 8 |

（一）出纳 → 购货单位

合计金额 人民币（大写）壹拾叁元肆角捌分

发货仓库：　　　　结算方式：现金 ✓／支票／汇款　　收款　开票　许明山
发货地址：

---

经—26

**上海市商业企业统一发票**　沪Ⅱ长 88-2633628
（21）长

发 票

工商执照字 号：
开户银行：长办延分处
账　号：2437844576

购货单位　上海大力五金厂　　地址 _____　　××××年1月29日

| 货号 | 品名规格 | 计量单位 | 数量 | 单价 | 金　额 万千百十元角分 |
|---|---|---|---|---|---|
|  | 光螺丝 24×100mm | 只 | 698 | 0.05 | 　　3 4 9 0 |
|  |  |  |  |  |  |
|  |  |  |  |  |  |
|  |  |  |  |  | ¥　3 4 9 0 |

② 发票联

合计人民币（大写）叁拾肆元玖角整

企业（盖章有效）：上海第十四五金商店发票专用章
地　址：　　　　财务　　开票 许大强

经—26

## 上海市工业企业统一发票

工商执照字号：
开户银行：闸办天目西路分理处
账　号：6452372

发　票

沪Ⅱ(14) No. 0854821

购货单位：上海大力五金厂　　　　　　　　　　××××年1月29日

| 货　号 | 品名规格或加工修理 | 计量单位 | 数量 | 单价 | 金　额 十万千百十元角分 | 备注 |
|---|---|---|---|---|---|---|
|  | 双头轴承座　木模 | 件 | 2 | 5.50 | 1 1 0 0 | ②发票联 |
|  | 双头轴承盖 |  |  |  |  |  |
|  | （磨床用） |  |  |  |  |  |
|  |  |  |  |  |  |  |
| 合计人民币（大写）壹拾壹元整 | | | | | ￥1 1 0 0 | |

企业（盖章有效）：上海新民锻件修配厂发票专用章
地　址：
财务：
开票：谢易柱

---

经—26

## 上海市商业企业统一发票

工商执照字号：
开户银行：工商银行虹办武分处
账　号：1361002

发　票

沪Ⅱ(21)虹 88-3623636

购货单位：上海大力五金厂　　地址：　　　　　××××年1月29日

| 货　号 | 品　名　规　格 | 计量单位 | 数量 | 单价 | 金　额 万千百十元角分 | |
|---|---|---|---|---|---|---|
|  | 活络扳头 | 把 | 474 | 4.70 | 2 2 2 7 8 0 | ②发票联 |
|  |  |  |  |  |  |  |
|  |  |  |  |  |  |  |
|  |  |  |  |  |  |  |
| 合计人民币（大写）贰仟贰佰贰拾柒元捌角整 | | | | | ￥2 2 2 7 8 0 | |

企业（盖章有效）：上海第七五金商店发票专用章
地　址：
财务：
开票：汪翔

经—26

No. 288804

## 上海市公安局事业性收费收据

入账日期：××××年1月30日

| 交款单位 | 上海大力五金厂 | 收款方式 | 转账支票 |

人民币(大写) 贰万元整　　　　¥20 000.00

收款事由　该厂去年12月28日卡车交通事故赔偿费

××××年1月30日

（一）收据

单位盖章：上海市公安局交通大队收费专用章

财会主管　记账　出纳　审核　周同　经办　蒋凯妮

---

经—27

## 上海市商业企业统一发票
### 发票

沪Ⅱ(21)市 88-1284563

工商执照字号：
开户银行：市分行营业部
账号：0456715

购货单位：上海大力五金厂　　地址：　　　　××××年1月30日

| 货号 | 品名规格 | 计量单位 | 数量 | 单价 | 金额 万千百十元角分 |
|---|---|---|---|---|---|
|  | 锌板 | 千克 | 500 | 2.07 | 1 0 3 5 0 0 |
|  |  |  |  |  |  |
|  |  |  |  |  |  |
|  |  |  |  |  |  |

合计人民币(大写)　壹仟零叁拾伍元整　　¥ 1 0 3 5 0 0

② 发票联

企业(盖章有效)地址：上海市金属材料公司第二供应站发票专用章

财务　　开票 陈秀洁

经-28

工商执照字号：
开户银行：徐办华山分理处
账号：7145002

## 上海市商业企业统一发票

沪Ⅱ(21)徐 88-8213587

### 发 票

购货单位：上海大力五金厂　　地址：　　　　　××××年1月31日

| 货号 | 品名规格 | 计量单位 | 数量 | 单价 | 金额 万千百十元角分 |
|---|---|---|---|---|---|
| | 氢化钠 | 千克 | 100 | 5.00 | 5 0 0 0 0 |
| | | | | | |
| | | | | | |
| 合计人民币（大写）伍佰元整 | | | | | ¥ 5 0 0 0 0 |

②发票联

企业（盖章有效）：上海市轻工化工供应公司 第二供应站发票专用章
地址：
财务　开票　花明

---

经-29

3100062270

## 上海增值税专用发票

No. 10001856

### 发 票 联

开票日期：××××年1月31日

| 购货单位 | 名称 | 上海铜材二厂 | | 税务登记号 | 3105072084821 56 | | |
|---|---|---|---|---|---|---|---|
| | 地址、电话 | 唐山路992号　电话：64814731 | | 开户银行及账号 | 杨办平分处4936145 | | |

| 货物或应税劳务名称 | 规格型号 | 计量单位 | 数量 | 单价 | 金额 万千百十元角分 | 税率(%) | 税额 万千百十元角分 |
|---|---|---|---|---|---|---|---|
| 铜皮 | | 千克 | 100 | 7.40 | 7 4 0 0 0 | 17 | 1 2 5 8 0 |
| | | | | | | | |
| 合计 | | | | | 7 4 0 0 0 | | 1 2 5 8 0 |
| 价税合计 | ⊗拾⊗万⊗仟捌佰陆拾伍元捌角零分 | | | | | | ¥865.80 |
| 备注 | | | | | | | |

| 销货单位 | 名称 | 上海大力五金厂 | | 税务登记号 | 3105071004920 34 | | |
|---|---|---|---|---|---|---|---|
| | 地址、电话 | 江苏路400号　电话：64305782 | | 开户银行及账号 | 长宁区办延分处7844511 | | |

第二联：发票联 购货方记账凭证

销货单位（章）：上海大力五金厂发票专用章　　收款人：　　复核：　　开票人：徐建信

会计模拟实习

经—29

## 上海市商业企业统一发票

沪Ⅱ(21)市 88-316273

**发 票**

工商执照字号：
开户银行：市分行营业部
账　号：02045671531

购货单位：上海大力五金厂　　地址：　　　　　××××年1月31日

| 货号 | 品名规格 | 计量单位 | 数量 | 单价 | 金额 万千百十元角分 |
|---|---|---|---|---|---|
| | 铝材 | 千克 | 50 | 50.05 | 1 0 0 1 0 0 |
| | | | | | |
| | | | | | |
| | | | | | |
| 合计人民币（大写）壹仟零壹元整 | | | | | ¥ 1 0 0 1 0 0 |

企业（盖章有效）：庆生铝材厂发票专用章
地址：
财务：　　开票：王秀妹

---

经—30

3100062270　**上海增值税专用发票**　No. 10001823

**发 票 联**

开票日期：××××年1月31日

| 购货单位 | 名　称 | 上海五金交电公司 | 税务登记号 | 3 1 0 5 0 7 1 0 3 3 8 4 0 2 5 |
|---|---|---|---|---|
| | 地址、电话 | 淮海路145号　电话：64464710 | 开户银行及账号 | 市分行营业部 6741432 |

| 货物或应税劳务名称 | 规格型号 | 计量单位 | 数量 | 单价 | 金额 万千百十元角分 | 税率(%) | 税额 万千百十元角分 |
|---|---|---|---|---|---|---|---|
| 按扣 | 2# | 千只 | 180 | 6.70 | 1 2 0 6 0 0 | | 2 0 5 0 2 |
| 弹簧扣 | 1# | 千只 | 4 000 | 5.75 | 2 3 0 0 0 0 0 | | 3 9 1 0 0 0 |
| 合　计 | | | | | 2 4 2 0 6 0 0 | | 4 1 1 5 0 2 |

价税合计：⊗拾贰万捌仟叁佰贰拾壹元零角贰分　　　¥28 321.02

备注：

| 销货单位 | 名　称 | 上海大力五金厂 | 税务登记号 | 3 1 0 5 0 7 1 0 0 4 9 2 0 3 4 |
|---|---|---|---|---|
| | 地址、电话 | 江苏路400号　电话：64305782 | 开户银行及账号 | 长宁区办延分处 7844511 |

销货单位（章）：上海大力五金厂发票专用章　　收款人：　　复核：　　开票人：徐建信

经—30
3100062270　　　　　上海增值税专用发票　　　　　No. 10001824
　　　　　　　　　　　　　　发　票　联

开票日期：××××年1月31日

| 购货单位 | 名　称 | 上海日用五金公司 | | | 税务登记号 | 3 1 0 5 0 7 1 0 3 3 8 4 0 2 5 | | |
|---|---|---|---|---|---|---|---|---|
| | 地址、电话 | 山东路717号　电话：64651890 | | | 开户银行及账号 | 市分行营业部6741432 | | |
| 货物或应税劳务名称 | 规格型号 | 计量单位 | 数量 | 单价 | 金　额 万千百十元角分 | 税率(%) | 税　额 万千百十元角分 | |
| 弹簧扣 | 2# | 千只 | 4 500 | 6.90 | 3 1 0 5 0 0 0 | 17 | 5 2 7 8 5 0 | |
| | | | | | | | | |
| 合　计 | | | | | 3 1 0 5 0 0 0 | | 5 2 7 8 5 0 | |
| 价税合计 | ⊗拾叁万陆仟叁佰贰拾捌元伍角零分 | | | | | | ￥36 328.50 | |
| 备　注 | | | | | | | | |
| 销货单位 | 名　称 | 上海大力五金厂 | | | 税务登记号 | 3 1 0 5 0 7 1 0 0 4 9 2 0 3 4 | | |
| | 地址、电话 | 江苏路400号　电话：64305782 | | | 开户银行及账号 | 长宁区办延分处7844511 | | |

销货单位(章)：上海大力五金厂发票专用章　　收款人：　　复核：　　开票人：徐建信

---

经—30
3100062270　　　　　上海增值税专用发票　　　　　No. 10001825
　　　　　　　　　　　　　　发　票　联

开票日期：××××年1月31日

| 购货单位 | 名　称 | 上海五金交电公司 | | | 税务登记号 | 3 1 0 5 0 7 1 0 3 3 8 4 0 2 5 | | |
|---|---|---|---|---|---|---|---|---|
| | 地址、电话 | 淮海路145号　电话：64464710 | | | 开户银行及账号 | 市分行营业部6741432 | | |
| 货物或应税劳务名称 | 规格型号 | 计量单位 | 数量 | 单价 | 金　额 万千百十元角分 | 税率(%) | 税　额 万千百十元角分 | |
| 弹簧扣 | 2# | 千只 | 4 410 | 6.90 | 3 0 4 2 9 0 0 | 17 | 5 1 7 2 9 3 | |
| | | | | | | | | |
| 合　计 | | | | | 3 0 4 2 9 0 0 | | 5 1 7 2 9 3 | |
| 价税合计 | ⊗拾叁万伍仟陆佰零拾壹元玖角叁分 | | | | | | ￥35 601.93 | |
| 备　注 | | | | | | | | |
| 销货单位 | 名　称 | 上海大力五金厂 | | | 税务登记号 | 3 1 0 5 0 7 1 0 0 4 9 2 0 3 4 | | |
| | 地址、电话 | 江苏路400号　电话：64305782 | | | 开户银行及账号 | 长宁区办延分处7844511 | | |

销货单位(章)：上海大力五金厂发票专用章　　收款人：　　复核：　　开票人：徐建信

# 十一、自制原始凭证及工作底稿

附件一

## 主要原材料、辅助材料收、发、存汇总月报表

××××年1月

| 材料名称及规格 | 计量单位 | 计划单价 | 期初结存 数量 | 期初结存 金额 | 本期收入 数量 | 本期收入 金额 | 用途 | 本期发出 数量 | 本期发出 金额 | 期末结存 数量 | 期末结存 金额 |
|---|---|---|---|---|---|---|---|---|---|---|---|
| **主要原材料：** | | | | | | | | | | | |
| 锌　皮 | kg | 2.90 | 19 800 | 57 420.00 | | | 401/按扣 | | | | |
| 铜　皮 | kg | 6.22 | 1 102 | 6 854.44 | | | 401/弹簧扣 | | | | |
| 珠光片 | 万片 | 150.60 | 20 | 3 012.00 | | | 401/铆钉毛坯 | | | | |
| | | | | | | | 对外销售 | | | | |
| 锌　板 | kg | 2.05 | 50 | 102.50 | | | 401/铆钉光坯 发外加工 有色线材厂 | | | | |
| 主要原材料小计 | | | | 67 388.94 | | 413 290.63 | | | 237 928.84 | | 242 750.73 |
| **化工材料类：** | | | | | | | | | | | |
| 电解铜 | kg | 5.65 | 6 160 | 34 804.00 | | | 委托加工 | | | | |
| 氢化钠 | kg | 5.00 | 1 080 | 5 400.00 | | | 电镀车间领用 | | | | |
| 液　碱 | kg | 0.13 | 5 000 | 650.00 | | | 电镀车间领用 | | | | |
| 次氯酸钠 | kg | 0.13 | 1 580 | 195.00 | | | 电镀车间领用 | | | | |
| 盐　酸 | kg | 0.13 | 500 | 65.00 | | | 电镀车间领用 | | | | |
| 硝酸银 | kg | 120.00 | 1.5 | 180.00 | | | 电镀车间领用 | | | | |
| 氯化亚锡 | kg | 16.00 | 2 290 | 36 640.00 | | | 参见"备注" | | | | |
| 化工材料小计 | | | | 77 934.00 | | 76 060.20 | | | 50 268.80 | | 103 725.40 |

(续表)

| 材料名称及规格 | 计量单位 | 计划单价 | 期初结存 数量 | 期初结存 金额 | 本期收入 数量 | 本期收入 金额 | 用途 | 本期发出 数量 | 本期发出 金额 | 期末结存 数量 | 期末结存 金额 |
|---|---|---|---|---|---|---|---|---|---|---|---|
| **包装类:** | | | | | | | | | | | |
| 外销盒子 | 只 | 0.20 | 18,480 | 3,696.00 | | | 401/按扣 | | | | |
| 木箱 | 只 | 7.60 | 101 | 767.60 | | | 503/按扣 | | | | |
| 塑料袋 | 只 | 0.017 | 14,100 | 239.70 | | | 401/铆钉毛坯 | | | | |
| 牛皮纸 | 小张 | 0.25 | 1,000 | 250.00 | | | 401/按扣 | | | | |
| 纸箱 | 只 | 2.00 | 3,895 | 7,790.00 | | | 401/弹簧扣 503/弹簧扣 | | | | |
| 内销盒子 | 只 | 0.11 | 41,500 | 4,565.00 | | | 503/弹簧扣 401/弹簧扣 | | | | |
| 包装材料小计 | | | | 17,308.30 | | 23,875.40 | | | 10,902.04 | | 30,281.66 |
| **其他类:** | | | | | | | | | | | |
| 三角带 | 根 | 2.60 | 817 | 2,124.20 | | | 参见"备注" | | | | |
| 电烙铁 | 根 | 7.40 | 5 | 37.00 | | | 参见"备注" | | | | |
| 扫帚 | 把 | 大 0.50 中 0.30 小 0.25 | 248 其中: 大 200 中 48 | 114.40 | 220 其中: 大 182 中 25 小 13 | 101.75 | 参见"备注" | 47 其中: 大 40 中 5 小 2 | 22.00 | 421 其中: 大 342 中 68 小 11 | 194.15 |
| 活络扳头 | 把 | 4.70 | 68 | 319.60 | | | 参见"备注" | | | | |
| 焊条 | kg | 20.50 | 24 | 492.00 | | | 参见"备注" | | | | |
| 开关 | 只 | 6.20 | 10 | 62.00 | | | 参见"备注" | | | | |
| 回丝 | kg | 2.40 | 1,200 | 2,880.00 | | | | | | | |
| 锉刀 | 把 | 1.00 | 412 | 412.00 | | | | | | | |
| 尖嘴钳 | 只 | 2.50 | 3,100 | 7,750.00 | | | | | | | |
| 其他小计 | | | | 14,191.20 | | 5,103.55 | | | 2,452.90 | | 16,841.85 |

(续表)

| 材料名称及规格 | 计量单位 | 计划单价 | 期初结存 数量 | 期初结存 金额 | 本期收入 数量 | 本期收入 金额 | 本期发出 用途 | 本期发出 数量 | 本期发出 金额 | 期末结存 数量 | 期末结存 金额 |
|---|---|---|---|---|---|---|---|---|---|---|---|
| **钢材类：** | | | | | | | | | | | |
| 圆 钢 | kg | 0.64 | 1 380 | 883.20 | | | 405/一车间 | | | | |
| | | | | | | | 405/三车间 | | | | |
| | | | | | | | 401/电镀 | | | | |
| | | | | | | | 169/冲床 | | | 1 124 | 719.36 |
| 角 钢 | kg | 1.00 | 1 000 | 1 000.00 | | | 405/二车间 | | | | |
| | | | | | | | 405/三车间 | | | | |
| | | | | | | | 401/电镀 | | | | |
| | | | | | | | 169/冲床 | | | 303 | 303.00 |
| 无缝管 | kg | 1.85 | 1 010 | 1 868.50 | | | 405/一车间 | | | | |
| | | | | | | | 405/二车间 | | | | |
| | | | | | | | 401/电镀 | | | | |
| | | | | | | | 169/冲床 | | | 669 | 1 237.65 |
| 薄钢板 | kg | 1.75 | 3 080 | 5 390.00 | | | 405/二车间 | | | | |
| | | | | | | | 405/三车间 | | | | |
| | | | | | | | 401/电镀 | | | | |
| | | | | | | | 169/磨床 | | | 2 744 | 4 802.00 |
| 中 板 | kg | 1.00 | 2 010 | 2 010.00 | | | 405/三车间 | | | | |
| | | | | | | | 169/冲床 | | | 5.55 | 5.55 |
| 小型钢 | kg | 1.00 | 2 415 | 2 415.00 | | | | | | 2 415 | 2 415.00 |
| **钢材小计** | | | | 13 566.70 | | 2 689.61 | | | 6 773.75 | | 9 482.56 |

(续表)

| 材料名称及规格 | 计量单位 | 计划单价 | 期初结存 数量 | 期初结存 金额 | 本期收入 数量 | 本期收入 金额 | 本期发出 用途 | 本期发出 数量 | 本期发出 金额 | 期末结存 数量 | 期末结存 金额 |
|---|---|---|---|---|---|---|---|---|---|---|---|
| **铜丝类：** | | | | | | | | | | | |
| 铜　丝 | kg | 5.91 | 8 000 | 47 280.00 | | 39 431.52 | 401/按扣<br>401/弹簧扣 | | | | |
| 铜丝小计 | | | | 47 280.00 | | 39 431.52 | | | 39 768.39 | | 46 943.13 |
| **备注：** | | | | | | | | | | | |
| 其他类分配如下： | | | | | | | | | | | |
| 一车间 | | | | | | | | | 921.90 | | |
| 二车间 | | | | | | | | | 400.50 | | |
| 三车间 | | | | | | | | | 120.00 | | |
| 机修车间 | | | | | | | | | 536.25 | | |
| 电镀车间 | | | | | | | | | 235.90 | | |
| 在建工程<br>——冲床 | | | | | | | | | 90.90 | | |
| 科室后勤 | | | | | | | | | 147.45 | | |
| 小　计 | | | | | | | | | 2 452.90 | | |

备注："化工材料类"本期发出委托加工材料小计金额为 33 900 元，具体发生情况参见附件十二"加工材料明细表"；

"化工材料类"本期电镀车间领用数为 15 868.80 元，在按扣、弹簧扣之间按其生产量比例直接进行分配，参见附件八。

附件二

## 工 资 汇 总 表

| 部门 | 应付工资 | 独生子女补贴 | 本期代扣款 ||||| 实发金额 |
|---|---|---|---|---|---|---|---|---|
| | | | 养老保险金 | 住房公积金 | 医疗保险金 | 失业保险金 | 工会会费 | 合计 | |
| 一车间一组(按扣) | 5 372.66 | 27.50 | 376.09 | 319.24 | 107.45 | 53.73 | 19.75 | 876.26 | 4 523.90 |
| 一车间二组(弹簧扣) | 3 147.10 | 25.00 | 220.30 | 187.00 | 62.94 | 31.47 | 11.35 | 513.06 | 2 659.04 |
| 一车间管理员 | 1 012.10 | | 70.85 | 60.14 | 20.24 | 10.12 | 0.95 | 162.30 | 849.80 |
| 二车间(铆钉毛坯) | 3 150.23 | 35.00 | 220.52 | 187.17 | 63.00 | 31.50 | 11.30 | 513.99 | 2 674.74 |
| 二车间管理员 | 790.95 | | 55.36 | 47.00 | 15.82 | 7.91 | 1.00 | 127.09 | 663.86 |
| 三车间(铆钉光坯) | 2 933.39 | 27.50 | 205.34 | 174.30 | 58.67 | 29.33 | 10.80 | 478.44 | 2 482.45 |
| 三车间管理员 | 1 059.14 | | 74.14 | 62.93 | 21.18 | 10.59 | 0.95 | 169.79 | 889.35 |
| 电镀车间 | 1 811.49 | 17.50 | 126.80 | 107.63 | 36.23 | 18.12 | 6.55 | 295.33 | 1 533.66 |
| 机修车间 | 1 705.56 | 17.50 | 119.39 | 101.34 | 34.11 | 17.06 | 6.35 | 278.25 | 1 494.81 |
| 科室后勤 | 3 189.66 | 52.50 | 223.27 | 189.55 | 63.81 | 31.89 | 13.20 | 521.72 | 2 720.42 |
| 合计 | 24 172.28 | 202.50 | 1 692.06 | 1 436.30 | 483.45 | 241.72 | 82.20 | 3 935.73 | 20 439.05 |

会计模拟实习

附件三

# 材料成本差异分配计算表

年　月

| 材料名称 | 差 异 率 分 配 算 式 | 差异分配率 |
|---|---|---|
| 锌　板 | | |
| 铜　丝 | | |
| 珠光片 | | |
| 锌　皮 | | |
| 铜　皮 | | |
| 包 装 物 | | |
| 其　他 | | |
| 钢　材 | | |
| 化　工 | | |

材料成本差异分配率计算公式：

$$\frac{月初结存材料成本差异额＋本月收入材料成本差异额}{月初结存材料计划成本＋本月收入材料计划成本} \times 100\%$$

会计模拟实习　165

附件四

## 固定资产折旧计算汇总表

××××年1月  单位：元

| 使用单位及固定资产类别 | 上月计提的折旧额 | 本月增加固定资产应计提折旧额 | 本月减少固定资产计提折旧额 | 本月应计提的折旧额 |
|---|---|---|---|---|
| **房屋** | | | | |
| 生产用：一车间 | 2 900.00 | | | 2 900.00 |
| 二车间 | 1 020.00 | | | 1 020.00 |
| 三车间 | 730.00 | | | 730.00 |
| 辅助生产车间 | 700.00 | | | 700.00 |
| 行政管理部门 | 2 117.56 | | | 2 117.56 |
| 小　计 | 7 467.56 | | | 7 467.56 |
| **机器设备** | | | | |
| 生产用：一车间 | 6 300.00 | 1 300.00 | 500.00 | 7 100.00 |
| 二车间 | 2 520.00 | | | 2 520.00 |
| 三车间 | 1 680.00 | 700.00 | | 2 380.00 |
| 辅助生产车间 | 400.00 | | | 400.00 |
| 行政管理部门 | | | | |
| 小　计 | 10 900.00 | 2 000.00 | 500.00 | 12 400.00 |
| **其他** | | | | |
| 生产用：一车间 | 700.00 | | | 700.00 |
| 二车间 | 180.00 | | | 180.00 |
| 三车间 | 120.00 | | | 120.00 |
| 辅助生产车间 | 200.00 | | | 200.00 |
| 行政管理部门 | 500.00 | | | 500.00 |
| 小　计 | 1 700.00 | | | 1 700.00 |
| 总　计 | 20 067.56 | 2 000.00 | 500.00 | 21 567.56 |

附件五

## 大修理费用汇总表

××××年1月　　　　　　　　　　　　　　　　　　单位：元

| 使用单位及固定资产类别 | 固定资产原价 | 本月大修理费用发生额 |
| --- | --- | --- |
| 房屋 | | |
| 　生产用：一车间 | 700 000.00 | 1 600.00 |
| 　　　　　二车间 | 24 000.00 | 510.00 |
| 　　　　　三车间 | 160 000.00 | 340.00 |
| 　辅助生产车间 | 200 000.00 | 500.00 |
| 　行政管理部门 | 220 000.00 | 550.00 |
| 　　小　计 | 1 520 000.00 | 3 500.00 |
| 机器设备 | | |
| 　生产用：一车间 | 1 500 000.00 | 4 392.67 |
| 　　　　　二车间 | 612 000.00 | 1 523.29 |
| 　　　　　三车间 | 408 000.00 | 788.00 |
| 　辅助生产车间 | 180 000.00 | 300.00 |
| 　行政管理部门 | | |
| 　　小　计 | 2 700 000.00 | 7 003.96 |
| 其他 | | |
| 　生产用：一车间 | 150 000.00 | 500.00 |
| 　　　　　二车间 | 36 000.00 | 120.00 |
| 　　　　　三车间 | 24 000.00 | 80.00 |
| 　辅助生产车间 | 40 000.00 | 150.00 |
| 　行政管理部门 | 90 000.00 | 350.00 |
| 　　小　计 | 340 000.00 | 1 200.00 |
| 　　总　计 | 4 560 000.00 | 11 703.96 |

附件六

# 计提的职工福利费分配表

年　月

| 项次 | 部　门 | 计提职工福利费的工资总额 | % | 计提福利费的金额 | 应　入　科　目 |
|---|---|---|---|---|---|
| 1 | 生产车间——一车间按扣 | | 14 | | 生产成本——<br>　基本生产成本——按扣 |
| 2 | 生产车间——一车间弹簧扣 | | 14 | | ——弹簧扣 |
| 3 | 生产车间——二车间铆钉毛坯 | | 14 | | ——铆钉（毛坯） |
| 4 | 生产车间——三车间铆钉光坯 | | 14 | | ——铆钉（光坯） |
| 5 | 辅助车间——电镀 | | 14 | | 生产成本——<br>　辅助生产成本——电镀 |
| 6 | 辅助车间——机修 | | 14 | | ——机修 |
| 7 | 一车间行政 | | 14 | | 制造费用——一车间 |
| 8 | 二车间行政 | | 14 | | ——二车间 |
| 9 | 三车间行政 | | 14 | | ——三车间 |
| 10 | 科室、后勤 | | 14 | | 管理费用 |
| 11 | 医务室 | | 14 | | 管理费用 |
| 12 | 长病假人员 | | 14 | | 管理费用 |
| 13 | 工会脱产干部 | | 14 | | 其他应收款 |
| 14 | 合　　　　计 | 24 172.28 | 14 | | |

主管部门：　　　　　　　　　　　　　　　　　　　　　　　　　　　　　　　　　　　　　　　　制表人：

附件七

## 各项基金、经费计算表

××××年1月

| 计提项目 | 养老保险费 | 住房公积金 | 基本医疗保险费 | 地方附加医疗保险费 | 失业保险金 | 工会经费 | 教育基金类 | 合计 |
|---|---|---|---|---|---|---|---|---|
| 计提基础 | 上年月平均工资总额 20 518.50 | | | | | 本月工资总额 | 24 172.28 | |
| 计提率 | 22.5% | 7% | 10% | 2% | 2% | 2% | 1.5% | |
| 企业计提金额 | 4 616.66 | 1 436.30 | 2 051.85 | 410.37 | 410.37 | 483.45 | 362.58 | |
| 应借科目 | 管理费用 | 应付职工薪酬 | | 管理费用 | | 管理费用 | | |
| 应贷科目 | 其他应付款 | | 其他应付款 | 其他应付款 | | 银行存款 | 其他应付款 | |

## 上海市公积金汇缴书

年　月　日　　　　　　　　　　　　　　　　　附清册　张

| 单位名称 | | □ 汇缴　　年　月份 | |
|---|---|---|---|
| 公积金账号 | | □ 补缴　　人数　　人 | |
| 缴交金额（大写） | | | 十万千百十元角分 |

| 上月汇缴 | | 本月增加汇缴 | | 本月减少汇缴 | | 本月汇缴 | |
|---|---|---|---|---|---|---|---|
| 人　数 | 金　额 | 人　数 | 金　额 | 人　数 | 金　额 | 人　数 | 金　额 |
| | | | | | | | |

| 付款行 | 付款账号 | 支票号码 | |
|---|---|---|---|
| | | | 银行盖章 |

# 上海市城镇职工医疗保险费申报结算表

单位名称　　　　　　　　　　　　　年　　月

单位编号　151718425　　　　　　　本月扣款日期

| 项　　　　　目 | 核定金额(元) |
|---|---|
| 1. 单位缴纳医疗保险费基数 | |
| 2. 补缴历年医疗保险费工资总额 | |
| 3. 基本医疗保险费单位缴费率(%) | |
| 4. 基本医疗保险费单位缴费额 | |
| 5. 地方附加医疗保险费单位缴费率 | |
| 6. 地方附加医疗保险费单位缴费额 | |
| 7. 协保应补缴医疗保险费总额 | |
| 8. 其他应缴医疗保险费金额 | |
| 9. 协保实际补缴医疗保险费总额 | |
| 10. 基本医疗保险费个人缴费总额 | |
| 11. 其中：个人缴费月基数 | |
| 12. 缓缴医疗保险费金额 | |
| 13. 应缴纳基本医疗保险费总额 | |

盖章后代收付款凭证

| 合计(大写) |
|---|
| |

打印日期　　　　　　　　　　　社会保险经办机构(盖章)：上海市社会保险事业管理中心

补充资料：

1. 月末缴费人数
2. 月末离退休人数
　　其中离休人数

结算版本号：　　　　　　　　　　打印版本号：

上海市社会保险事业基金
结算管理中心结算专用章

# 上海市职工社会保险基金结算表

单位名称　　　　　　　　　　　××××年12月

单位编码 151718425　　　　　　本月扣款日期

| 应　缴　项　目 | 核定金额(元) | 应　缴　项　目 | 核定金额(元) |
|---|---|---|---|
| 1. 养老保险缴费基数 | 20 518.50 | 19. 月养老金基数 | 0.00 |
| 2. 补缴历年养老保险缴费工资总额 | 0.00 | 20. 一次性调整金额 | 0.00 |
| 3. 养老保险单位缴费率(%) | 22.50 | 21. 一次性补助金额 | 0.00 |
| 4. 单位应缴养老保险费金额 | 4 616.66 | 22. 建国前参加革命加发生活费 | |
| 5. 其他应缴养老保险费金额 | 0.00 | 23. 其他按规定支付额 | 0.00 |
| 6. 养老保险费个人缴费总额 | | 24. 一次性补充养老金 | 0.00 |
| 7. 其中：个人缴费月基数 | | 25. 丧葬补助费、抚恤金 | 0.00 |
| 8. 养老保险缴纳合计 | | 26. 其他按规定一次性支付金额 | 0.00 |
| 9. 失业保险缴费基数 | | 27. 终止养老保险关系支付额 | 0.00 |
| 10. 补缴历年失保缴费工资总额 | 0.00 | 28. 房贴 | 0.00 |
| 11. 失业保险单位缴费率(%) | | 29. 应支付医疗费 | 0.00 |
| 12. 单位应缴失业保险费金额 | | 30. | |
| 13. 其他应缴失业保险费金额 | 0.00 | 31. | |
| 14. 失业保险费个人缴费总额 | | 32. | |
| 15. 其中：个人缴费月基数 | | 33. | |
| 16. 失业保险缴纳合计 | | 34. 支付合计 | 0.00 |
| 17. 单位缓缴社会保险费金额 | 0.00 | 35. 自负金额 | 0.00 |
| 18. 应缴纳金额 | | 36. 应缴付金额 | 0.00 |
| 盖章后代收付款凭证 | | | |
| 合计(大写) | | | |

打印日期　　　　　　　　　　　社会保险经办机构(盖章)：上海市社会保险事业管理中心

补充资料：

上海市社会保险事业基金
结算管理中心结算专用章

1. 月末养老保险账户职工

2. 月末养老保险缴费人数

3. 月末领取养老金　　　0人

4. 单位缓缴社会保险费含单位缓缴养老保险费　0.00元，失业保险费　0.00元

结算版本号：　　　　　　　　　　　　　　　　　　　　　打印版本号：

附件八

## 电镀车间领用化工材料分配表

年　月

| 产品名称 | 生产量 | 单位 | 金　　额（元） |
|---|---|---|---|
| 按　扣 | 2 015 | 千克 | |
| 弹簧扣 | 885 | 千克 | |
| 合　计 | | | |

$$\frac{应分配所领用化工材料的金额}{应分配数量} = @ \quad 每千克应分配金额$$

部门负责人：　　　　　　　　　　　　　　　　　　　　制表人：

附件九

## 废　料　退　库　表

年　月　　　　　　　　　　　　　数量单位：kg

| 产品名称 | 锌　角 | | | 锌　末 | | | 废　扣 | | | 废铜丝 | | |
|---|---|---|---|---|---|---|---|---|---|---|---|---|
| | 数量 | 单价 | 金额 | 数量 | 单价 | 金额 | 数量 | 单价 | 金额 | 数量 | 单价 | 金额 |
| 按　扣 | 12 500 | 1.80 | 22 500.00 | 3 477 | 1.60 | 5 563.20 | 2 637 | 1.00 | 2 637.00 | 616 | 3.30 | 2 032.80 |
| 弹簧扣 | 7 210 | 1.80 | 12 978.00 | 1 148 | 1.60 | 1 836.80 | 1 768 | 1.00 | 1 768.00 | 203 | 3.30 | 669.90 |

按扣退料：锌皮：22 500.00＋5 563.20＋2 637.00＝30 700.20（元）

　　　　铜丝退料：2 032.80（元）

弹簧扣退料：锌皮：12 978.00＋1 836.80＋1 768.00＝16 582.80（元）

　　　　　铜丝退料：669.90（元）

铆钉毛坯退料：铜皮：99 212kg　　617.10（元）

部门负责人：　　　　　　　　　　　　　　　　　　　　制表人：

附件十

## 材料发出加工汇总表

年　月

| 日　期 | 材料名称 | 单位 | 数量 | 计划价 | 金　　　额(元) |
|---|---|---|---|---|---|
|  | 电解铜 | 千克 | 6 000 |  |  |
|  | 锌　板 | 千克 | 110 |  |  |
| 合　计 |  |  |  |  |  |

部门负责人：　　　　　　　　　　　　　　　　　　　　　　　　　制表人：

附件十一

## 电 费 分 配 表

××××年1月

| 部　　门 | 单　位 | 生产用电 | | | 照明用电 | | |
|---|---|---|---|---|---|---|---|
|  |  | 数　　量 | 单　价 | 金　额(元) | 数　　量 | 单　价 | 金　额(元) |
| 一车间 | 度 | 41 035 | 0.07 | 2 872.45 | 2 748 | 0.24 | 659.52 |
| 二车间 | 度 | 18 000 | 0.07 | 1 260.00 | 800 | 0.24 | 192.00 |
| 三车间 | 度 | 12 148 | 0.07 | 850.36 | 1 210 | 0.24 | 290.40 |
| 电镀车间 | 度 | 19 150 | 0.07 | 1 340.50 |  |  |  |
| 机修车间 | 度 | 26 457 | 0.07 | 1 851.99 |  |  |  |
| 科室、后勤 | 度 |  |  |  | 2 056 | 0.24 | 493.44 |
| 合　　计 |  |  |  | 8 175.30 |  |  | 1 635.36 |

备注：一车间、二车间、三车间生产用电作为动力，直接进"生产成本——基本生产成本"。

一车间两个品种再按工时分配：$\frac{2\,872.45}{587+395}=2.9251$

（587为按扣的工时）（395为弹簧扣的工时）

按扣：$587×2.9251=1\,717.03$(元)　　弹簧扣：$395×2.9251=1\,155.42$(元)

附件十二

## 铜丝委托加工材料明细表

(黄铜丝由68%电解铜和32%的锌板加工而成)

| 加工单位 | 加工材料 | 期初结存加工厂材料 | | 本期发出加工料 | | 本期加工耗用料 | | 加工厂结存材料 | |
|---|---|---|---|---|---|---|---|---|---|
| | | 数量 | 金额 | 数量 | 金额 | 数量 | 金额 | 数量 | 金额 |
| 有色线材厂 | 电解铜 | 1 005 | 5 628.00 | 6 000 | 33 900.00+64.41 =33 964.41 | 4 341.59 | 24 529.98 | 2 663.41 | 15 062.43 |
| | 锌 板 | 3 041 | 6 446.92 | 110 | 225.50+9.81 =235.31 | 2 043.10 | 4 331.37 | 1 107.90 | 2 350.07 |

| 加工完成材料名称及规格 | 定额耗用量(产出比:95.5%) | 耗用数量 | | 耗用金额 | 加工费 | 实际成本 | 计划成本 | | |
|---|---|---|---|---|---|---|---|---|---|
| | | | | | | | 单价 | 金额 | |
| 黄铜丝Φ1.45 6 672 | 6 672÷95.5% =6 986.40kg | 电解铜 | 6 986.40×68% =4 750.8 | 4 750.8×5.65 =26 842.02 | 10 475.04 | | 单价 | 金额 | |
| | | 锌 板 | 6 986.40×32% =2 235.6 | 2 235.6×2.12 =4 739.47 | | | 6.30 | 42 056.53 | 5.91 39 431.52 |

加权平均单价:

电解铜 $\dfrac{5\,628+33\,964.41}{1\,005+6\,000}=\dfrac{39\,592.41}{7\,005}=5.65(元)$

锌 板 $\dfrac{6\,446.92+235.31}{3\,041+110}=\dfrac{6\,682.23}{3\,151}=2.12(元)$

差 异: $\dfrac{124.20+2\,625.01}{47\,280+39\,431.52}=\dfrac{2\,749.21}{86\,711.52}=3.17\%$

备注:

64.41元=33 900.00×0.19%  (即化工类——电解铜的差异率)

9.81元=225.50×4.35%  (即锌板的差异率)

附件十三

## 煤气费用分配表

××××年1月

| 部　门 | 单　位 | 煤　气 | | | 应　入　科　目 |
| --- | --- | --- | --- | --- | --- |
| | | 数　量 | 单　价 | 金　额（元） | |
| 电镀车间 | 度 | 39 265 | 0.10 | 3 926.50 | 生产成本——辅助生产成本 |
| 后勤（食堂） | 度 | 14 735 | 0.10 | 1 473.50 | 应付职工薪酬 |
| 合　　计 | | 54 000 | | 5 400.00 | |

部门负责人：　　　　　　　　　　　　　　　　　　　　　　　　　　　制表人：

附件十四

## 水　费　分　配　表

××××年1月

| 部　门 | 单　位 | 水 | | | 应　入　科　目 |
| --- | --- | --- | --- | --- | --- |
| | | 数　量 | 单　价 | 金　额（元） | |
| 一　车　间 | 立方米 | 4 481 | 0.12 | 537.72 | 制造费用 |
| 二　车　间 | 立方米 | 2 000 | 0.12 | 240.00 | 制造费用 |
| 三　车　间 | 立方米 | 894 | 0.12 | 107.28 | 制造费用 |
| 电镀车间 | 立方米 | 8 745 | 0.12 | 1 049.40 | 生产成本——辅助生产成本 |
| 机修车间 | 立方米 | 2 722 | 0.12 | 326.64 | 生产成本——辅助生产成本 |
| 科室后勤 | 立方米 | 1 856 | 0.12 | 222.72 | 管理费用 |
| 合　　计 | | 20 698 | | 2 483.76 | |

部门负责人：　　　　　　　　　　　　　　　　　　　　　　　　　　　制表人：

会计模拟实习

附件十五

## "生产成本——辅助生产成本——机修车间"费用分配表

年　月

| 受益部门 | 计划单价 | 工时 | 金额（元） |
|---|---|---|---|
| 一车间 | 6.00 | 492 | |
| 二车间 | 6.00 | 260 | |
| 三车间 | 6.00 | 139 | |
| 在建工程——冲床 | 6.00 | 16 | |
| 在建工程——磨床 | 6.00 | 24 | |
| 合　计 | | | |
| 实际发生额 | | | 6 551.02 |
| 差异结转管理费用 | | | |

部门负责人：　　　　　　　　　　　　　　　　　　　制表人：

附件十六

## "生产成本——辅助生产成本——电镀车间"费用分配表

年　月

| 产品名称 | 生产量 | 单位 | 金额（元） |
|---|---|---|---|
| 按　扣 | 2 015 | 千克 | |
| 弹簧扣 | 885 | 千克 | |
| 合　计 | 2 900 | | |

每千克应分配的金额 = $\dfrac{\text{电镀车间的费用总额}}{\text{应分配的数量}}$

　　　　　　　　　　　　　　　　　　　　　　　　　　制表人：

附件十七

## 一车间制造费用分配表

年　月

| 产品名称 | 工时 | 车间经费 | |
|---|---|---|---|
| | | 分配率 | 金额 |
| 按　扣 | 587 工时 | | |
| 弹簧扣 | 395 工时 | | |
| | | | |
| 合　计 | 982 工时 | | |

$\dfrac{\text{制造费用总额}}{\text{工时数}}$ =　　　　（分配率）　　　　制表人：

附件十八

# 设备竣工验收单

厂名：上海大力五金厂　　　　　　　　　　　　　　　验收日期：××××年1月31日

| 设备名称 | 型号规格 | 数量 | 来源 | 批准项目 ||| 资金来源 |
|---|---|---|---|---|---|---|---|
| | | | | 年 月 日 | 文号 | 金额 | |
| 冲床 | GWS20－H | 1 | 专用借款 | 年5月4日 | 厂办007 | 38 000.00 | 专用借款 |
| 设备编号 | 使用部门 | 外形尺寸 || 竣工日期 | 决算金额 |||
| 201-004-005 | 一车间 | 5×35×7 || ××××.1.30 | 40 000.00 |||
| 制造单位 | 制造日期 | 重量 | 使用年限 | 主要费用支出情况： ||||
| 本厂机修车间 | 年5月4日 | 3 500千克 | 10年 | |||||
| 复杂系数 | 电机型号 | 千瓦 | 转数/分 | |||||
| 机械电气 | $W_z$ | 20 | 3 600转/分 | |||||
| | | | | |||||
| 文件资料 | | | | |||||
| | | | | |||||
| 精度检验 | | | | |||||
| 运转情况 | 良好 ||| 随机附件 ||||
| | |||名称 | 型号规格 | 数量 ||
| 对生产作用 | 主要加工机械 ||| | | ||
| 验收意见 | 同意投入使用 ||| | | ||
| 移交人 | 验收人 || 财务 | 设备管理员 || 设备主管负责人 ||
| | 陶匡正 || 张良 | 虞佩云 || 尹华 ||
| | | | | | | | |

会计模拟实习

附件十九

# 在制品收发存汇总表

## 一、按扣期末在产品成本计算表附表

品名：按扣毛坯　　　　　　　××××年1月31日　　　　　　　计量单位：500克

| 名　称 | 规　格 | 上期结存 | 本期收入 | 本期发出 | 本期结存 | |
|---|---|---|---|---|---|---|
| 上　料 | 1 | 4 680 | 9 643 | 10 573 | 3 750 | |
|  | 2 | 2 980 | 9 960 | 9 840 | 3 100 | |
|  | 3 | 3 890 | 9 787 | 9 077 | 4 600 | /11 450 |
| 底　片 | 1 | 328 | 9 819 | 9 833 | 314 | |
|  | 2 | 386 | 10 140 | 10 105 | 421 | |
|  | 3 | 610 | 11 400 | 11 416 | 594 | /1 329 |
| 面　片 | 1 | 1 918 | 10 573 | 10 350 | 2 141 | |
|  | 2 | 3 208 | 9 840 | 9 943 | 3 105 | |
|  | 3 | 2 768 | 9 077 | 8 966 | 2 879 | /8 125 |
| 底　圈 | 1 | 1 949 | 9 833 | 9 584 | 2 198 | |
|  | 2 | 3 142 | 10 105 | 10 230 | 3 017 | |
|  | 3 | 3 643 | 11 416 | 11 844 | 3 215 | /8 430 |
| 铜　丝 | 1 | 713 | 7 384 | 7 657 | 440 | |
|  | 2 | 1 310 | 6 926 | 6 987 | 1 249 | |
|  | 3 | 825 | 9 871 | 9 734 | 962 | /2 651 |
| 按扣光坯 |  |  |  |  |  | |
|  | 1 面 | 2 059 | 10 350 | 10 399 | 2 010 | 面 |
|  | 底 | 3 038 | 9 584 | 8 433 | 4 189 | 5 130 |
|  | 2 面 | 2 845 | 9 943 | 10 891 | 1 897 | |
|  | 底 | 4 247 | 10 230 | 10 609 | 3 868 | 底 |
|  | 3 面 | 2 001 | 8 966 | 9 744 | 1 223 | 14 175 |
|  | 底 | 5 314 | 11 844 | 11 040 | 6 118 | |

## 二、弹簧扣期末在产品成本计算表附表

品名：弹簧扣毛坯　　　　　　　××××年1月31日　　　　　　　计量单位：500克

| 名　称 | 规　格 | 上期结存 | 本期收入 | 本期发出 | 本期结存 | |
|---|---|---|---|---|---|---|
| 上　冲 | 1# | 643 | 10 034 | 9 394 | 1 283 | 3 117 |
|  | 2# | 463 | 9 780 | 8 409 | 1 834 | |
| 拉　墙 | 1# | 676 | 8 787 | 8 160 | 1 303 | 2 161 |
|  | 2# | 584 | 9 884 | 9 610 | 858 | |
| 落　料 | 1# | 393 | 9 394 | 8 190 | 1 597 | 2 316 |
|  | 2# | 857 | 8 409 | 8 547 | 719 | |
| 圈　边 | 1# | 903 | 8 160 | 6 759 | 2 304 | 3 996 |
|  | 2# | 841 | 9 610 | 8 759 | 1 692 | |
| 铜　丝 | 1# | 254 | 417 | 513 | 158 | 311 |
|  | 2# | 178 | 220 | 245 | 153 | |
| 光　坯 | 1#上 | 619 | 2 497 | 2 768 | 348 | 上：2 570 |
|  | 下 | 450 | 3 361 | 3 277 | 534 | |
|  | 2#上 | 1 911 | 2 728 | 2 417 | 2 222 | 下：4 645 |
|  | 下 | 640 | 8 881 | 5 410 | 4 111 | |

## 三、铆钉期末在产品成本计算表附表

××××年1月31日　　　　　　　计量单位：500克

| 名　称 | 铆　钉 | 上期结存 | 本期收入 | 本期发出 | 本期结存 | |
|---|---|---|---|---|---|---|
| 毛　坯 | 大 | 1 140 | 6 140 | 5 490 | 1 790 | 5 050 |
|  | 中 | 1 010 | 4 880 | 5 310 | 580 | |
|  | 小 | 1 580 | 5 110 | 1 010 | 2 680 | |
| 光　坯 | 大 | 980 | 5 490 | 5 210 | 1 260 | 3 140 |
|  | 中 | 1 010 | 5 310 | 5 630 | 690 | |
|  | 小 | 1 150 | 4 010 | 3 970 | 1 190 | |

附件二十

## 按扣期末在产品成本计算表

×××× 年 1 月

单位：元

按扣 { 面子（上料→面片（装有弹簧））
      { 底片（投料→底圈）

| 名 称 | 单 位 | 数 量 | 成 本 单价 | 成 本 金额 | 原材料 单价 | 原材料 金额 | 电镀费用 单价 | 电镀费用 金额 | 工资及福利费 单价 | 工资及福利费 金额 | 制造费用 单价 | 制造费用 金额 |
|---|---|---|---|---|---|---|---|---|---|---|---|---|
| 底片投料 | 500克 | 1 329 | 1.70 | 2 259.30 | 1.60 | 2 126.40 | | | 0.05 | 66.45 | 0.05 | 66.45 |
| 面子、面片 | 500克 | 8 125 | 2.70 | 21 937.50 | 2.30 | 18 687.50 | | | 0.05 | 406.25 | 0.35 | 2 843.75 |
| 底 圈 | 500克 | 8 430 | 1.80 | 15 174.00 | 1.60 | 13 488.00 | | | 0.03 | 252.90 | 0.17 | 1 433.10 |
| 面片电镀 | 500克 | 5 130 | 3.10 | 15 903.00 | 2.30 | 11 799.00 | 0.35 | 1 795.50 | 0.05 | 256.50 | 0.40 | 2 052.00 |
| 底片电镀 | 500克 | 14 175 | 2.30 | 32 602.50 | 1.60 | 22 680.00 | 0.35 | 4 961.25 | 0.03 | 425.25 | 0.32 | 4 536.00 |
| 面子、上料 | 500克 | 11 450 | 1.55 | 17 747.50 | 1.45 | 16 602.50 | | | 0.03 | 343.50 | 0.07 | 801.50 |
| 铜 丝 | 500克 | 2 651 | 3.90 | 10 338.90 | 3.80 | 10 073.80 | | | 0.03 | 79.53 | 0.07 | 185.57 |
| 合 计 | | | | 115 962.70 | | 95 457.20 | | 6 756.75 | | 1 830.38 | | 11 918.37 |

按扣结存原料：

1. 锌皮：（面子上料　底片投料　底片底圈　底片电镀）
   （11 450＋1 329＋8 430＋14 175）÷2＝17 692（千克）
   （底子面片　面子电镀）
   （8 125＋5 130）÷2×80%＝5 302（千克）(因面子含有 20%的铜丝)
   锌皮＝17 692＋5 302＝22 994（千克）

2. 铜丝：2 651÷2＝1 325.5（千克）
   面子内有 20%的铜丝：（8 125＋5 130）÷2×20%＝1 325.5（千克）
   铜丝＝1 325.5＋1 325.5＝2 651（千克）

附件二十一

# 弹簧扣期末在产品成本计算表

×××× 年 1 月

单位：元

弹簧扣 { 上片（上冲→落料→装有铜丝）} 
　　　　{ 下片（拉墙→圈边） }

| 名称 | 单位 | 数量 | 成本 单价 | 成本 金额 | 原材料 单价 | 原材料 金额 | 电镀费用 单价 | 电镀费用 金额 | 工资及福利费 单价 | 工资及福利费 金额 | 制造费用 单价 | 制造费用 金额 |
|---|---|---|---|---|---|---|---|---|---|---|---|---|
| 毛坯： | | | | | | | | | | | | |
| 上片上冲 | 500克 | 3 117 | 1.28 | 3 989.76 | 1.24 | 3 865.08 | | | 0.01 | 31.17 | 0.03 | 93.51 |
| 下片运墙 | 500克 | 2 161 | 1.40 | 3 025.40 | 1.36 | 2 938.96 | | | 0.01 | 21.61 | 0.03 | 64.83 |
| 上片落料 | 500克 | 2 316 | 1.54 | 3 566.64 | 1.50 | 3 474.00 | | | 0.01 | 23.16 | 0.03 | 69.48 |
| 下片卷边 | 500克 | 3 996 | 1.80 | 7 192.80 | 1.76 | 7 032.96 | | | 0.01 | 39.96 | 0.03 | 119.88 |
| 铜丝 | 500克 | 311 | 3.90 | 1 212.90 | 3.78 | 1 175.58 | | | 0.05 | 15.55 | 0.07 | 21.77 |
| 光坯： | | | | | | | | | | | | |
| 上片电镀 | 500克 | 2 570 | 2.80 | 7 196.00 | 2.40 | 6 168.00 | 0.30 | 771.00 | 0.04 | 102.80 | 0.06 | 154.20 |
| 下片电镀 | 500克 | 4 645 | 3.03 | 14 074.35 | 2.60 | 12 077.00 | 0.30 | 1 393.50 | 0.05 | 232.25 | 0.08 | 371.60 |
| 合计 | | | | 40 257.85 | | 36 731.58 | | 2 164.50 | | 466.50 | | 895.27 |

附件二十二

## 铆钉期末在产品成本计算表

××××年1月

单位：元

| 名称 | 单位 | 数量 | 成本 单价 | 成本 金额 | 原材料 单价 | 原材料 金额 | 电镀费用 单价 | 电镀费用 金额 | 工资及福利费 单价 | 工资及福利费 金额 | 制造费用 单价 | 制造费用 金额 | 上一步骤转来半成品 单位成本 | 上一步骤转来半成品 金额 |
|---|---|---|---|---|---|---|---|---|---|---|---|---|---|---|
| 毛坯 | 500克 | 5 050 | 3.94 | 19 897.00 | 3.79 | 19 139.50 | | | 0.07 | 353.50 | 0.08 | 404.00 | | |
| 其中： | | | | | | | | | | | | | | |
| 毛坯1# | 千只 | 1 100 | | 6 839.55 | | 6 579.17 | | | | 121.52 | | 138.87 | | |
| 毛坯2# | 千只 | 1 200 | | 7 461.37 | | 7 177.31 | | | | 132.56 | | 151.50 | | |
| 毛坯3# | 千只 | 900 | | 5 596.08 | | 5 383.02 | | | | 99.42 | | 113.63 | | |
| 光坯 | 500克 | 3 140 | 4.02 | 12 622.80 | 0.9625 | 3 022.25 | | | 0.08 | 251.20 | 0.09 | 282.60 | 2.8875 | 9 066.75 |
| 合计 | | | | 32 519.80 | | 22 161.75 | | | | 604.70 | | 686.60 | | 9 066.75 |

注：铆钉（毛坯）每千只约等于789.0625克。

附件二十三

# 产成品标准系数换算表

## 一、按扣标准产量表

单位：千只

| 产品规格 | 产　　量 | 标准系数 | 标准产量 |
|---|---|---|---|
| 1# | 3 939 | 0.75 | |
| 2# | 4 352 | 1.00 | |
| 3# | 5 679 | 1.25 | |
| 合　计 | 13 970 | | |

## 二、弹簧扣标准产量表

单位：千只

| 产品规格 | 产　　量 | 标准系数 | 标准产量 |
|---|---|---|---|
| 1# | 8 310 | 1.0 | |
| 2# | 9 810 | 1.2 | |
| 合　计 | 18 120 | | |

## 三、铆钉标准产量表

单位：千只

| 产品规格 | 产　　量 | 标准系数 | 标准产量 |
|---|---|---|---|
| 1# | 2 400 | 1.15 | |
| 2# | 2 200 | 1.00 | |
| 3# | 2 300 | 0.85 | |
| 合　计 | 6 900 | | |

附件二十四

## 半成品成本计算表

年 月

| 项目\数量\金额（元）\品名 | 铆 钉（毛坯） | | | | | |
|---|---|---|---|---|---|---|
| | | | 本月产量 | | | |
| | 期初结余 | 本月发生额 | 累计数 | 期末在产品（定额成本） | 本期实际成本 | 单位成本 |
| 原材料 | | | | | | |
| 电镀费用 | | | | | | |
| 动 力 | | | | | | |
| 工资及福利费 | | | | | | |
| 制造费用 | | | | | | |
| 辅助材料 | | | | | | |
| | | | | | | |
| | | | | | | |
| | | | | | | |
| 生产成本 | | | | | | |

附件二十五

## 自制半成品成本明细表

半成品 铆钉(毛坯)　　　　　年 月　　　　　　　单位：元

| 月份 | 月初余额 | | | 本月增加 | | | 合计 | | | 本月减少 | | |
|---|---|---|---|---|---|---|---|---|---|---|---|---|
| | 数量 | 单位成本 | 金额 | 数量 | 单位成本 | 金额 | 数量 | 单位成本 | 金额 | 数量 | 单位成本 | 金额 |
| | | | | | | | | | | | | |
| | | | | | | | | | | | | |
| | | | | | | | | | | | | |
| | | | | | | | | | | | | |
| | | | | | | | | | | | | |
| | | | | | | | | | | | | |
| | | | | | | | | | | | | |

会计模拟实习

## 附件二十六

## 产品成本计算表

年　月

| 项目 \ 品名/数量/金额(元) | 期初结余 | 本月发生额 | 累计数 | 按扣 期末在产品(定额成本) 本月生产:标准产量: | 本期实际成本 | 单位成本 | 其中: 本月生产:标准产量: 单位成本 | 本期成本 | 其中: 本月生产:标准产量: 单位成本 | 本期成本 | 其中: 本月生产量:标准产量: 单位成本 | 本期成本 |
|---|---|---|---|---|---|---|---|---|---|---|---|---|
| 原 材 料 | | | | | | | | | | | | |
| 电 镀 费 用 | | | | | | | | | | | | |
| 动 力 | | | | | | | | | | | | |
| 工资及福利费 | | | | | | | | | | | | |
| 制 造 费 用 | | | | | | | | | | | | |
| 辅 助 材 料 | | | | | | | | | | | | |
| 生 产 成 本 | | | | | | | | | | | | |

原材料＝　　辅助材料＝　　动力＝　　工资＝　　电镀费用＝　　制造费用＝

注：单位成本计算到小数点后面四位,以下四舍五入,尾数差异在最后一个产品中调整。

会计模拟实习　205

附件二十七

## 产品成本计算表

弹簧扣　　　年　月

本月产量：
标准产量：

| 项目\品名\数量\金额(元) | 期初结余 | 本月发生额 | 累计数 | 期末在产品(定额成本) | 本期实际成本 | 单位成本 | 其中： 本月产量：标准产量： | | 其中： 本月产量：标准产量： | | 其中： 本月产量：标准产量： | |
|---|---|---|---|---|---|---|---|---|---|---|---|---|
| | | | | | | | 单位成本 | 本期成本 | 单位成本 | 本期成本 | 单位成本 | 本期成本 |
| 原材料 | | | | | | | | | | | | |
| 电镀费用 | | | | | | | | | | | | |
| 动力 | | | | | | | | | | | | |
| 工资及福利费 | | | | | | | | | | | | |
| 制造费用 | | | | | | | | | | | | |
| 辅助材料 | | | | | | | | | | | | |
| 生产成本 | | | | | | | | | | | | |

原材料＝　　　辅助材料＝　　　动力＝　　　工资＝　　　电镀费用＝　　　制造费用＝

注：单位成本计算到小数点后面四位，以下四舍五入，尾数差异在最后一个产品中调整。

附件二十八

## 产品成本计算表

铆钉（光坯） 年 月

本月产量：
标准产量：

| 项目 | 期初结余 | 本月发生额 | 累计数 | 期末在产品（定额成本） | 本期实际成本 | 单位成本 | 其中： 本月产量： 标准产量： | | | 其中： 本月产量： 标准产量： | | | 其中： 本月产量： 标准产量： | | |
|---|---|---|---|---|---|---|---|---|---|---|---|---|---|---|---|
| | | | | | | | 单位成本 | 本期成本 | | 单位成本 | 本期成本 | | 单位成本 | 本期成本 | |
| 品名 数量 金额(元) | | | | | | | | | | | | | | | |
| 原材料 | | | | | | | | | | | | | | | |
| 电镀费用 | | | | | | | | | | | | | | | |
| 上一步骤转来毛坯半成品 | | | | | | | | | | | | | | | |
| 动力 | | | | | | | | | | | | | | | |
| 工资及福利费 | | | | | | | | | | | | | | | |
| 制造费用 | | | | | | | | | | | | | | | |
| 辅助材料 | | | | | | | | | | | | | | | |
| 生产成本 | | | | | | | | | | | | | | | |

原材料＝　　半成品＝　　动力＝　　工资＝　　制造费用＝

注：单位成本计算到小数点后面四位，以下四舍五入，尾数差异在最后一个产品中调整。

附件二十九

## 产品销售汇总表

××××年1月  单位：元

| | 规　格 | 计量单位 | 单　价 | 数　　量 | 价　　格 |
|---|---|---|---|---|---|
| 内销 | 1#按扣 | 千只／盒 | 5.03 | 4 880 / 2 824 | 24 546.40 |
| | 2#按扣 | 千只／盒 | 6.70 | 6 800 / 3 935 | 45 560.00 |
| | 3#按扣 | 千只／盒 | 8.38 | 13 560 / 7 847 | 113 632.80 |
| | 小　计 | 千只／盒 | | 25 240 / 14 606 | 183 739.20 |
| 外销 | 1#按扣 | 盒 | 8.69 | 2 000 | 17 380.00 |
| | 2#按扣 | 盒 | 11.58 | 5 140 | 59 521.20 |
| | 3#按扣 | 盒 | 14.48 | 1 700 | 24 616.00 |
| | 小　计 | 盒 | | 8 840 | 101 517.20 |
| 内外销合计 | | | | 23 446 | 285 256.40 |
| 弹簧扣 | 1# | 千只 | 5.75 | 9 400 | 54 050.00 |
| | 2# | 千只 | 6.90 | 12 600 | 86 940.00 |
| | 小　计 | 千只 | | 22 000 | 140 990.00 |
| 铆钉 | 1# | 千只 | 9.33 | 3 000 | 27 990.00 |
| | 2# | 千只 | 10.60 | 2 200 | 23 320.00 |
| | 3# | 千只 | 12.19 | 3 800 | 46 322.00 |
| | 小　计 | 千只 | | 9 000 | 97 632.00 |
| 总计 | | | | | 523 878.40 |

附件三十

## 产成品收发存明细表

每盒=1728只

| 品种 | 规格 | 单位 | 上期结余 数量 | 本期收入 数量 | 本期发出 数量 | 期末结余 数量 |
|---|---|---|---|---|---|---|
| 按扣 | 1#外销 | 盒 | 388 | 2 100 | 2 000 | 488 |
|  | 内销 | 千只 | 2 533(1 465 盒) | 3 178(1 839 盒) | 4 880(2 824 盒) | 831(480 盒) |
|  | 2#外销 | 盒 | 3 413 | 1 962 | 5 140 | 235 |
|  | 内销 | 千只 | 3 881(1 957 盒) | 4 130(2 390 盒) | 6 800(3 935 盒) | 711(412 盒) |
|  | 3#外销 | 盒 | 63 | 1 816 | 1 700 | 179 |
|  | 内销 | 千只 | 7 751(4 486 盒) | 6 676(3 863 盒) | 13 560(7 847 盒) | 858(502 盒) |
|  | 1#、2#、3#内销/外销合计 | 千只/盒 | 13 665/3 864 | 13 984/5 878 | 25 240/8 840 | 2 400/902 |
|  | 1#、2#、3#（内销）合计 | 盒 | (7 908) | (8 092) | (14 606) | (1 394) |
|  | 1#、2#、3#内销、外销合计 | 盒 | 11 772 | 13 970 | 23 446 | 2 296 |
| 弹簧扣 | 1# | 千只 | 2 101 | 8 310 | 9 400 | 1 011 |
|  | 2# | 千只 | 5 969 | 9 810 | 12 600 | 3 179 |
|  | 合　计 | 千只 | 8 070 | 18 120 | 22 000 | 4 190 |
| 铆钉 | 1#（大号） | 千只 | 1 610 | 2 400 | 3 000 | 1 010 |
|  | 2#（中号） | 千只 | 1 050 | 2 200 | 2 200 | 1 050 |
|  | 3#（小号） | 千只 | 3 100 | 2 300 | 3 800 | 1 600 |
|  | 合　计 | 千只 | 5 760 | 6 900 | 9 000 | 3 660 |

会计模拟实习

附件三十一

## 产成品生产、销售月结表

单位：元

| 产品名称及规格 | 计量单位 | 期初余额 | | | 本期生产 | | | 本期发出 | | | 期末余额 | |
|---|---|---|---|---|---|---|---|---|---|---|---|---|
| | | 数量 | 单价 | 金额 | 数量 | 单价 | 金额 | 数量 | 单价 | 金额 | 单价 | 金额 |
| 按扣 1# | 盒 | 1 853 | 6.2015 | 11 491.38 | | | | | | | | |
| 2# | 盒 | 5 370 | 8.1982 | 44 024.33 | | | | | | | | |
| 3# | 盒 | 4 549 | 10.2314 | 46 542.64 | | | | | | | | |
| 弹簧扣 1# | 千只 | 2 101 | 3.9147 | 8 224.78 | | | | | | | | |
| 2# | 千只 | 5 969 | 4.9528 | 29 563.26 | | | | | | | | |
| 铆钉大号 1# | 千只 | 1 610 | 9.6713 | 15 570.79 | | | | | | | | |
| 中号 2# | 千只 | 1 050 | 8.3324 | 8 749.02 | | | | | | | | |
| 小号 3# | 千只 | 3 100 | 7.3141 | 22 673.71 | | | | | | | | |
| 合计 | | | | 186 839.91 | | | | | | | | |

发出产品计价采用一次加权平均计算，公式：$\dfrac{\text{月初结存金额}+\text{本期生产金额}}{\text{月初结存数量}+\text{本期收入数量}}=$ 一次加权平均单价

会计模拟实习　215

附件三十二

## 应收账款余额明细表

年　　月　　日

| 日　期 | 发票号码 | 客　户　名　称 | 金　额 | 备　注 |
|---|---|---|---|---|
|  |  |  |  |  |
|  |  |  |  |  |
|  |  |  |  |  |
|  |  |  |  |  |
|  |  |  |  |  |
|  |  |  |  |  |
|  |  |  |  |  |
|  |  |  |  |  |
|  |  |  |  |  |
|  |  |  |  |  |
| 合　计 |  |  |  |  |

附件三十三

## 税 金 计 算 表

年　　月　　日　　　　　　　　　　　　　　　单位：元

| 销售项目 | 数　量 | 发票金额(不含税)<br>① | 销项税额<br>②＝①×17％ | 进项税额<br>③ | 实际应纳<br>增值税额<br>④＝②－③ | 应纳城<br>建税额<br>⑤＝④×5‰ |
|---|---|---|---|---|---|---|
| 按　　扣 | 23 446 盒 | 285 256.40 |  |  |  |  |
| 弹 簧 扣 | 22 000 千只 | 140 990 |  |  |  |  |
| 铆　　钉 | 9 000 千只 | 97 632 |  |  |  |  |
| 产品合计 |  | 523 878.40 |  |  |  |  |
| 材料销售 |  | 740 |  |  |  |  |
| 总　　计 |  | 524 618.40 |  |  |  |  |

附件三十四　产品出库单(共14张)

① **大力五金厂产品出库单** （回执）　No. 022910

收货单位　上海五金交电公司

地　址　　　　　　　　　　　　　　　　　××××年1月4日

| 货　号 | 名　称　及　规　格 | 数　量 | | 备　注 |
|---|---|---|---|---|
|  | 1#按扣 | 1 240 | 千只 | 发票#1811 |
|  | 2#按扣 | 2 100 | 千只 | 发票#1811 |
|  | 3#按扣 | 2 800 | 千只 | 发票#1811 |
|  |  |  |  |  |

收货单位及经手人（盖章）　李元一　　　　　发货单位及经手人（盖章）　沈雨萍

---

① **大力五金厂产品出库单** （回执）　No. 022920

收货单位　上海五金交电公司

地　址　　　　　　　　　　　　　　　　　××××年1月9日

| 货　号 | 名　称　及　规　格 | 数　量 | | 备　注 |
|---|---|---|---|---|
|  | 1#弹簧扣 | 4 400 | 千只 | 发票#1812 |
|  | 2#弹簧扣 | 2 000 | 千只 | 发票#1812 |
|  |  |  |  |  |
|  |  |  |  |  |

收货单位及经手人（盖章）　李元一　　　　　发货单位及经手人（盖章）　沈雨萍

① **大力五金厂产品出库单** (回执)　No. 022931

收货单位　上海五金交电公司
地　　址　　　　　　　　　　　　　　××××年1月10日

| 货　号 | 名　称　及　规　格 | 数　量 | | 备　　注 |
|---|---|---|---|---|
|  | 1#铆钉 | 1 000 | 千只 | 发票#1813 |
|  | 2#铆钉 | 400 | 千只 | 发票#1813 |
|  | 3#铆钉 | 2 200 | 千只 | 发票#1813 |
|  |  |  |  |  |

收货单位及经手人（盖章）　李元一　　　发货单位及经手人（盖章）　沈雨萍

---

① **大力五金厂产品出库单** (回执)　No. 022932

收货单位　上海五金交电公司
地　　址　　　　　　　　　　　　　　××××年1月11日

| 货　号 | 名　称　及　规　格 | 数　量 | | 备　　注 |
|---|---|---|---|---|
|  | 1#按扣 | 2 000 | 千只 | 发票#1814 |
|  | 2#按扣 | 1 480 | 千只 | 发票#1814 |
|  | 3#按扣 | 4 400 | 千只 | 发票#1814 |
|  |  |  |  |  |

收货单位及经手人（盖章）　李元一　　　发货单位及经手人（盖章）　沈雨萍

---

① **大力五金厂产品出库单** (回执)　No. 022940

收货单位　上海五金交电公司
地　　址　　　　　　　　　　　　　　××××年1月13日

| 货　号 | 名　称　及　规　格 | 数　量 | | 备　　注 |
|---|---|---|---|---|
|  | 1#铆钉 | 1 000 | 千只 | 发票#1816 |
|  | 2#铆钉 | 400 | 千只 | 发票#1816 |
|  | 3#铆钉 | 1 200 | 千只 | 发票#1816 |
|  |  |  |  |  |

收货单位及经手人（盖章）　李元一　　　发货单位及经手人（盖章）　沈雨萍

① **大力五金厂产品出库单** （回执）　No. 022941

收货单位　上海五金交电公司
地　址　　　　　　　　　　　　　　　××××年1月14日

| 货　号 | 名　称　及　规　格 | 数　　量 | | 备　注 |
|---|---|---|---|---|
| | 1#按扣 | 1 600 | 千只 | 发票#1817 |
| | 2#按扣 | 3 040 | 千只 | 发票#1817 |
| | 3#按扣 | 3 200 | 千只 | 发票#1817 |
| | | | | |

收货单位及经手人（盖章）　李元一　　　发货单位及经手人（盖章）　沈雨萍

---

① **大力五金厂产品出库单** （回执）　No. 022956

收货单位　上海五金交电公司
地　址　　　　　　　　　　　　　　　××××年1月18日

| 货　号 | 名　称　及　规　格 | 数　　量 | | 备　注 |
|---|---|---|---|---|
| | 3#按扣 | 3 160 | 千只 | 发票#1819 |
| | 1#弹簧扣 | 1 000 | 千只 | 发票#1819 |
| | 2#弹簧扣 | 1 690 | 千只 | 发票#1819 |
| | | | | |

收货单位及经手人（盖章）　李元一　　　发货单位及经手人（盖章）　沈雨萍

---

① **大力五金厂产品出库单** （回执）　No. 022991

收货单位　上海五金交电公司
地　址　　　　　　　　　　　　　　　××××年1月25日

| 货　号 | 名　称　及　规　格 | 数　　量 | | 备　注 |
|---|---|---|---|---|
| | 1#铆钉 | 1 000 | 千只 | 发票#1821 |
| | 2#铆钉 | 1 400 | 千只 | 发票#1821 |
| | 3#铆钉 | 400 | 千只 | 发票#1821 |
| | | | | |

收货单位及经手人（盖章）　李元一　　　发货单位及经手人（盖章）　沈雨萍

① **大力五金厂产品出库单** （回执）　No. 022998

收货单位　上海五金交电公司
地　址　　　　　　　　　　　　　　　××××年1月31日

| 货　号 | 名　称　及　规　格 | 数　量 | | 备　注 |
|---|---|---|---|---|
|  | 2#按扣 | 180 | 千只 | 发票#1823 |
|  | 1#弹簧扣 | 4 000 | 千只 | 发票#1823 |
|  | 2#弹簧扣 | 4 410 | 千只 | 发票#1825 |
|  |  |  |  |  |

收货单位及经手人（盖章）　李元一　　　发货单位及经手人（盖章）　沈雨萍

---

① **大力五金厂产品出库单** （回执）　No. 022908

收货单位　中轻出口公司
地　址　　　　　　　　　　　　　　　××××年1月3日

| 货　号 | 名　称　及　规　格 | 数　量 | | 备　注 |
|---|---|---|---|---|
|  | 1#按扣 | 1 000 | 盒 | 发票#1810 |
|  | 2#按扣 | 1 020 | 盒 | 发票#1810 |
|  |  |  |  |  |
|  |  |  |  |  |

收货单位及经手人（盖章）　方山　　　发货单位及经手人（盖章）　沈雨萍

---

① **大力五金厂产品出库单** （回执）　No. 022933

收货单位　中轻出口公司
地　址　　　　　　　　　　　　　　　××××年1月12日

| 货　号 | 名　称　及　规　格 | 数　量 | | 备　注 |
|---|---|---|---|---|
|  | 1#按扣 | 1 000 | 盒 | 发票#1815 |
|  | 3#按扣 | 1 000 | 盒 | 发票#1815 |
|  |  |  |  |  |
|  |  |  |  |  |

收货单位及经手人（盖章）　方山　　　发货单位及经手人（盖章）　沈雨萍

① **大力五金厂产品出库单** (回执) No. 022988

收货单位  中轻出口公司
地　址　_____　　　××××年1月23日

| 货号 | 名称及规格 | 数量 | | 备注 |
|---|---|---|---|---|
|  | 2#按扣 | 2 120 | 盒 | 发票#1820 |
|  | 3#按扣 | 700 | 盒 | 发票#1820 |
|  |  |  |  |  |
|  |  |  |  |  |

收货单位及经手人（盖章）　方山　　　　　发货单位及经手人（盖章）　沈雨萍

---

① **大力五金厂产品出库单** (回执) No. 022992

收货单位  中轻出口公司
地　址　_____　　　××××年1月25日

| 货号 | 名称及规格 | 数量 | | 备注 |
|---|---|---|---|---|
|  | 2#按扣 | 2 000 | 盒 | 发票#1822 |
|  |  |  |  |  |
|  |  |  |  |  |
|  |  |  |  |  |

收货单位及经手人（盖章）　方山　　　　　发货单位及经手人（盖章）　沈雨萍

---

① **大力五金厂产品出库单** (回执) No. 022994

收货单位  上海日用五金公司
地　址　_____　　　××××年1月31日

| 货号 | 名称及规格 | 数量 | | 备注 |
|---|---|---|---|---|
|  | 2#弹簧扣 | 4 500 | 千只 | 发票#1824 |
|  |  |  |  |  |
|  |  |  |  |  |
|  |  |  |  |  |

收货单位及经手人（盖章）　许怡敏　　　　收货单位及经手人（盖章）　沈雨萍

附件三十五　材料加工发出单、调拨单、领料单(共39张)

## 上海大力五金厂材料加工发出单

加工单位　有色线材厂　　　　××××年1月5日　　　　编号 390390

| 材料名称 | 规格 | 数量 | 计量单位 | 单价 | 金额 |
|---|---|---|---|---|---|
| 电解铜 |  | 6 000 | 千克 | 5.65 | 33 900 |
|  |  |  |  |  |  |
|  |  |  |  |  |  |
|  |  |  |  |  |  |
|  |  |  |  |  |  |

部门主管　赵一平　　　　发料员　王　林　　　　制单　朱小波

## 上海大力五金厂材料加工发出单

加工单位　有色线材厂　　　　××××年1月8日　　　　编号 390398

| 材料名称 | 规格 | 数量 | 计量单位 | 单价 | 金额 |
|---|---|---|---|---|---|
| 锌板 |  | 110 | 千克 | 2.05 | 225.50 |
|  |  |  |  |  |  |
|  |  |  |  |  |  |
|  |  |  |  |  |  |
|  |  |  |  |  |  |

部门主管　赵一平　　　　发料员　张小清　　　　制单　曹云华

## 调　拨　单

调拨单号　808088
填发日期　　　年　　月　　日
调拨日期　××××年1月31日

| 调入单位部门 | 上海铜材二厂 | | 调出单位部门 | 上海大力五金厂 | | 调入单位、部门盖章 |
|---|---|---|---|---|---|---|
| 编号 | 品名及规格 | 单位 | 数量 需要 / 实拨 | 单价 | 金额 | 上海铜材二厂材料验收员 2 |
| 1-2 | 铜皮 | 千克 | 100 / 100 | 6.22 | 622 00 | |
| | | | | | | 调出单位、部门盖章 |
| 共计人民币(大写) | | | | | | |

一、送财务联

主管　赵一平　　记账　　　　验收　　　　发货　张小清　　制单　曹云华

---

## 领　料　单

No. 08201

领用车间部门　三车间
产品号数及成本项目　铆钉光坯
××××年1月3日

| 类别编号 | 名称及规格 | 单位 | 数量 请领 / 实领 | 单价 | 总值 | 分页 | 用途 |
|---|---|---|---|---|---|---|---|
| 1—3 | 珠光片 | 万片 | 86 / 86.4 | 150.60 | 13 011 84 | | |
| | | | | | | | |
| | 合计 | | | | | | |

财务部门主管　　记账　　保管部门主管　赵一平　　发料　张小清　　领料部门主管　贾明　　领料　顾金花

会计模拟实习　　231

## 领 料 单  No. 08207

领用车间部门：电镀车间  
产品号数及成本项目：生产成本——辅助生产成本  
××××年1月6日

| 类别 | 编号 | 名称及规格 | 单位 | 数量 请领 | 数量 实领 | 单价 | 总值 | | 分页 | 用途 |
|---|---|---|---|---|---|---|---|---|---|---|
| 2—1 | | 电解铜 | 千克 | 800 | 812 | 5.65 | 4 587 | 80 | | |
| | | | | | | | | | | |
| | | | | | | | | | | |
| | | | 合计 | | | | | | | |

财务部门主管　记账　保管部门主管 赵一平　发料 王林　领料部门主管 高长清　领料 龚哲

---

## 领 料 单  No. 08213

领用车间部门：电镀车间  
产品号数及成本项目：生产成本——辅助生产成本  
××××年1月9日

| 类别 | 编号 | 名称及规格 | 单位 | 数量 请领 | 数量 实领 | 单价 | 总值 | | 分页 | 用途 |
|---|---|---|---|---|---|---|---|---|---|---|
| 2—2 | | 氢化钠 | 千克 | 800 | 785 | 5.00 | 3 925 | 00 | | |
| 2—3 | | 液碱 | 千克 | 2 000 | 2 000 | 0.13 | 260 | 00 | | |
| | | | 合计 | | | | 4 185 | 00 | | |

财务部门主管　记账　保管部门主管 赵一平　发料 王林　领料部门主管 高长清　领料 龚哲

## 领 料 单

No. 08202

领用车间部门　一车间
产品号数及成本项目　弹簧扣

××××年1月3日

| 类别 | 编号 | 名称及规格 | 单位 | 数量 | | 单价 | 总值 | | 分页 | 用途 |
|---|---|---|---|---|---|---|---|---|---|---|
| | | | | 请领 | 实领 | | | | | |
| | 1—1 | 锌皮 | 千克 | 23 000 | 23 551 | 2.90 | 68 297 | 90 | | |
| | | | | | | | | | | |
| | | | | | | | | | | |
| | | | | | | | | | | |
| | | | | 合 计 | | | | | | |

财务部门主管　　记账　　保管部门主管　赵一平　发料　张小清　领料部门主管　周乐生　领料　孙　新

---

## 领 料 单

No. 08205

领用车间部门　一车间
产品号数及成本项目　按扣

××××年1月6日

| 类别 | 编号 | 名称及规格 | 单位 | 数量 | | 单价 | 总值 | | 分页 | 用途 |
|---|---|---|---|---|---|---|---|---|---|---|
| | | | | 请领 | 实领 | | | | | |
| | 1—1 | 锌皮 | 千克 | 24 000 | 24 500 | 2.90 | 71 050 | 00 | | |
| | | | | | | | | | | |
| | | | | | | | | | | |
| | | | | | | | | | | |
| | | | | 合 计 | | | | | | |

财务部门主管　　记账　　保管部门主管　赵一平　发料　张小清　领料部门主管　李　明　领料　唐建平

会计模拟实习

## 领 料 单

领用车间部门 一车间  
产品号数及成本项目 按扣  
No. 08212  
××××年1月9日

| 类别 | 编号 | 名称及规格 | 单位 | 数量 请领 | 数量 实领 | 单价 | 总值 | | 分页 | 用途 |
|---|---|---|---|---|---|---|---|---|---|---|
| 1—1 | | 锌 皮 | 千克 | 21 000 | 21 064 | 2.90 | 61 085 | 60 | | |
| | | | | | | | | | | |
| | | | | | | | | | | |
| | | | | | | | | | | |
| | | 合 计 | | | | | | | | |

财务部门主管　　记账　　保管部门主管 赵一平　　发料 张小清　　领料部门主管 李 明　　领料 唐建平

---

## 领 料 单

领用车间部门 一车间  
产品号数及成本项目 按扣  
No. 08209  
××××年1月7日

| 类别 | 编号 | 名称及规格 | 单位 | 数量 请领 | 数量 实领 | 单价 | 总值 | | 分页 | 用途 |
|---|---|---|---|---|---|---|---|---|---|---|
| 1—5 | | 铜 丝 | 千克 | 5 300 | 5 310 | 5.91 | 31 382 | 10 | | |
| | | | | | | | | | | |
| | | | | | | | | | | |
| | | | | | | | | | | |
| | | 合 计 | | | | | | | | |

财务部门主管　　记账　　保管部门主管 赵一平　　发料 张小清　　领料部门主管 李 明　　领料 唐建平

## 领 料 单

领用车间部门 一车间  
产品号数及成本项目 弹簧扣  
No. 08218  
××××年1月10日

| 类别 | 编号 | 名称及规格 | 单位 | 数量 请领 | 数量 实领 | 单价 | 总值 | | 分页 | 用途 |
|---|---|---|---|---|---|---|---|---|---|---|
| | 1—5 | 铜丝 | 千克 | | 1 419 | 5.91 | 8 386 | 29 | | |
| | | | | | | | | | | |
| | | | | | | | | | | |
| | | | | | | | | | | |
| | | | 合计 | | | | | | | |

财务部门主管　　记账　　保管部门主管 赵一平　　发料 张小清　　领料部门主管 周乐生　　领料 孙 新

---

## 领 料 单

领用车间部门 二车间  
产品号数及成本项目 铆钉毛坯  
No. 08198  
××××年1月2日

| 类别 | 编号 | 名称及规格 | 单位 | 数量 请领 | 数量 实领 | 单价 | 总值 | | 分页 | 用途 |
|---|---|---|---|---|---|---|---|---|---|---|
| | 1—2 | 铜皮 | 千克 | 3 800 | 3 800 | 6.22 | 23 636 | 00 | | |
| | | | | | | | | | | |
| | | | | | | | | | | |
| | | | | | | | | | | |
| | | | 合计 | | | | | | | |

财务部门主管　　记账　　保管部门主管 赵一平　　发料 张小清　　领料部门主管 许 卿　　领料 黄 燕

会计模拟实习

## 领 料 单  No. 08222

领用车间部门：电镀车间  
产品号数及成本项目：生产成本——辅助生产成本  
××××年1月12日

| 类别 | 编号 | 名称及规格 | 单位 | 数量 请领 | 数量 实领 | 单价 | 总值 | | 分页 | 用途 |
|---|---|---|---|---|---|---|---|---|---|---|
| | 2—4 | 次氯酸钠 | 千克 | 2 000 | 2 000 | 0.13 | 260 | 00 | | |
| | 2—5 | 盐酸 | 千克 | 2 000 | 2 000 | 0.13 | 260 | 00 | | |
| | | | | | | | | | | |
| | | | 合计 | | | | 520 | 00 | | |

财务部门主管　　记账　　保管部门主管 赵一平　　发料 王 林　　领料部门主管 高长青　　领料 龚 哲

---

## 领 料 单  No. 08228

领用车间部门：电镀车间  
产品号数及成本项目：生产成本——辅助生产成本  
××××年1月17日

| 类别 | 编号 | 名称及规格 | 单位 | 数量 请领 | 数量 实领 | 单价 | 总值 | | 分页 | 用途 |
|---|---|---|---|---|---|---|---|---|---|---|
| | 2—6 | 硝酸银 | 千克 | 1.2 | 1.2 | 120 | 144 | 00 | | |
| | 2—7 | 氯化亚锡 | 千克 | 400 | 402 | 16.00 | 6 432 | 00 | | |
| | | | | | | | | | | |
| | | | 合计 | | | | 6 576 | 00 | | |

财务部门主管　　记账　　保管部门主管 赵一平　　发料 王 林　　领料部门主管 高长青　　领料 龚 哲

领 料 单　　　　No. 08220

领用车间部门　二车间
产品号数及成本项目　铆钉毛坯
××××年1月12日

| 类别 | 编号 | 名称及规格 | 单位 | 数量 请领 | 数量 实领 | 单价 | 总值 | | 分页 | 用途 |
|---|---|---|---|---|---|---|---|---|---|---|
| | 3—3 | 塑料袋 | 只 | 9 000 | 9 020 | 0.017 | 153 | 34 | | 生产 |
| | | | | | | | | | | |
| | | | | | | | | | | |
| | | | | | | | | | | |
| | | 合　计 | | | | | 523 | 34 | | |

财务部门主管　　记账　　保管部门主管　钟世明　发料　严雪云　领料部门主管　许卿　领料　秦崇明

---

领 料 单　　　　No. 08206

领用车间部门　一车间
产品号数及成本项目　弹簧扣
××××年1月6日

| 类别 | 编号 | 名称及规格 | 单位 | 数量 请领 | 数量 实领 | 单价 | 总值 | | 分页 | 用途 |
|---|---|---|---|---|---|---|---|---|---|---|
| | 3—5 | 纸箱 | 只 | 110 | 110 | 2.00 | 220 | 00 | | 销售 |
| | 3—6 | 内销盒子 | 只 | 2 200 | 2 200 | 0.11 | 242 | 00 | | 生产 |
| | 3—4 | 牛皮纸 | 张 | 110 | 110 | 0.25 | 27 | 50 | | 生产 |
| | | | | | | | | | | |
| | | 合　计 | | | | | 489 | 50 | | |

财务部门主管　　记账　　保管部门主管　钟世明　发料　严雪云　领料部门主管　周乐生　领料　孙新

## 领 料 单

领用车间部门　一车间  
产品号数及成本项目　按扣

No. 08204  
××××年1月4日

| 类别 | 编号 | 名称及规格 | 单位 | 数量 | | 单价 | 总值 | | 分页 | 用途 |
| --- | --- | --- | --- | --- | --- | --- | --- | --- | --- | --- |
| | | | | 请领 | 实领 | | | | | |
| 3—4 | | 牛皮纸 | 张 | 4 000 | 4 300 | 0.25 | 1 075 | 00 | | 生产 |
| 3—5 | | 纸箱 | 只 | 631 | 631 | 2.00 | 1 262 | 00 | | 销售 |
| 3—6 | | 内销盒子 | 只 | 25 300 | 25 300 | 0.11 | 2 783 | 00 | | 生产 |
| | | | | | | | | | | |
| | | 合　计 | | | | | 5 120 | 00 | | |

财务部门主管　　记账　　保管部门主管　钟世明　发料　严雪云　领料部门主管　施毅　领料　史崇德

---

## 领 料 单

领用车间部门　一车间  
产品号数及成本项目　按扣

No. 08200  
××××年1月3日

| 类别 | 编号 | 名称及规格 | 单位 | 数量 | | 单价 | 总值 | | 分页 | 用途 |
| --- | --- | --- | --- | --- | --- | --- | --- | --- | --- | --- |
| | | | | 请领 | 实领 | | | | | |
| 3—1 | | 外销盒子 | 只 | 8 900 | 8 900 | 0.20 | 1 780 | 00 | | 生产 |
| 3—2 | | 木箱 | 只 | 442 | 442 | 7.60 | 3 359 | 20 | | 销售 |
| | | | | | | | | | | |
| | | | | | | | | | | |
| | | 合　计 | | | | | 5 139 | 20 | | |

财务部门主管　　记账　　保管部门主管　钟世明　发料　严雪云　领料部门主管　施毅　领料　史崇德

领料单　No. 08219

领用车间部门　科室后勤
产品号数及成本项目　　　　　　　　　××××年1月11日

| 类别 | 编号 | 名称及规格 | 单位 | 数量 请领 | 数量 实领 | 单价 | 总值 | 分页 | 用途 |
|---|---|---|---|---|---|---|---|---|---|
| 5—7 | | 回丝 | 千克 | | 9 | 2.40 | 21 60 | | |
| 5—3 | | 扫帚（中） | 把 | | 4 | 0.30 | 1 20 | | |
| 5—3 | | 扫帚（小） | 把 | | 1 | 0.25 | 0 25 | | |
| | | 合计 | | | | | 23 05 | | |

财务部门主管　　记账　　保管部门主管 章天雄　发料 谢莉莉　领料部门主管 姚林兵　领料 朱国宝

---

领料单　No. 08224

领用车间部门　科室后勤
产品号数及成本项目　　　　　　　　　××××年1月14日

| 类别 | 编号 | 名称及规格 | 单位 | 数量 请领 | 数量 实领 | 单价 | 总值 | 分页 | 用途 |
|---|---|---|---|---|---|---|---|---|---|
| 5—2 | | 电烙铁 | 把 | | 1 | 7.40 | 7 40 | | |
| 5—3 | | 扫帚（大） | 把 | | 29 | 0.50 | 14 50 | | |
| 5—5 | | 焊条 | 千克 | | 5 | 20.50 | 102 50 | | |
| | | 合计 | | | | | 124 40 | | |

财务部门主管　　记账　　保管部门主管 章天雄　发料 谢莉莉　领料部门主管 姚林兵　领料 朱国宝

## 领  料  单

No. 08231

领用车间部门　机修工程小组

产品号数及成本项目　在建工程——冲床　　　　　　××××年1月21日

| 类别 | 编号 | 名称及规格 | 单位 | 数量 请领 | 数量 实领 | 单价 | 总值 | 分页 | 用途 |
|---|---|---|---|---|---|---|---|---|---|
|  | 5－4 | 扳手 | 把 |  | 12 | 4.70 | 56 40 |  |  |
|  | 5－6 | 开关 | 只 |  | 2 | 6.20 | 12 40 |  |  |
|  | 5－7 | 回丝 | 千克 |  | 5 | 2.40 | 12 00 |  |  |
|  |  |  |  |  |  |  |  |  |  |
|  |  | 合计 |  |  |  |  | 80 80 |  |  |

财务部门主管　　记账　　保管部门主管 章天雄　　发料 谢莉莉　　领料部门主管 邓庆华　　领料 吴子牛

---

## 领  料  单

No. 08208

领用车间部门　机修工程小组

产品号数及成本项目　在建工程——冲床　　　　　　××××年1月6日

| 类别 | 编号 | 名称及规格 | 单位 | 数量 请领 | 数量 实领 | 单价 | 总值 | 分页 | 用途 |
|---|---|---|---|---|---|---|---|---|---|
|  | 5－1 | 三角带 | 根 |  | 3 | 2.60 | 7 80 |  |  |
|  | 5－3 | 扫帚（大） | 把 |  | 4 | 0.50 | 2 00 |  |  |
|  | 5－3 | 扫帚（中） | 把 |  | 1 | 0.30 | 0 30 |  |  |
|  |  |  |  |  |  |  |  |  |  |
|  |  | 合计 |  |  |  |  | 10 10 |  |  |

财务部门主管　　记账　　保管部门主管 章天雄　　发料 谢莉莉　　领料部门主管 邓庆华　　领料 吴子牛

## 领　料　单

No. 08217

领用车间部门　一车间

产品号数及成本项目　制造费用　　　　　　　　　　　××××年1月10日

| 类别 | 编号 | 名称及规格 | 单位 | 数量请领 | 数量实领 | 单价 | 总值 | 分页 | 用途 |
|---|---|---|---|---|---|---|---|---|---|
|  | 5－1 | 三角带 | 根 |  | 40 | 2.60 | 104.00 |  |  |
|  | 5－3 | 扫帚(大) | 把 |  | 4 | 0.50 | 2.00 |  |  |
|  | 5－6 | 开关 | 只 |  | 2 | 6.20 | 12.40 |  |  |
|  |  | 合　计 |  |  |  |  | 118.40 |  |  |

财务部门主管　　　记账　　　保管部门主管　章天雄　　发料　谢莉莉　　领料部门主管　李　明　　领料　唐建平

---

## 领　料　单

No. 08230

领用车间部门　一车间

产品号数及成本项目　制造费用　　　　　　　　　　　××××年1月19日

| 类别 | 编号 | 名称及规格 | 单位 | 数量请领 | 数量实领 | 单价 | 总值 | 分页 | 用途 |
|---|---|---|---|---|---|---|---|---|---|
|  | 5－2 | 电烙铁 | 把 |  | 1 | 7.40 | 7.40 |  |  |
|  | 5－4 | 扳手 | 把 |  | 33 | 4.70 | 155.10 |  |  |
|  | 5－8 | 锉刀 | 把 |  | 21 | 1.00 | 21.00 |  |  |
|  |  | 合　计 |  |  |  |  | 183.50 |  |  |

财务部门主管　　　记账　　　保管部门主管　章天雄　　发料　谢莉莉　　领料部门主管　李　明　　领料　唐建平

## 领 料 单

No. 08235

领用车间部门　一车间
产品号数及成本项目　制造费用　　　　　　　××××年1月22日

| 类别 | 编号 | 名称及规格 | 单位 | 数量 请领 | 数量 实领 | 单价 | 总值 | 分页 | 用途 |
|---|---|---|---|---|---|---|---|---|---|
|  | 5-7 | 回丝 | 千克 |  | 50 | 2.40 | 120 00 |  |  |
|  | 5-9 | 尖嘴钳 | 只 |  | 200 | 2.50 | 500 00 |  |  |
|  |  |  |  |  |  |  |  |  |  |
|  |  |  |  |  |  |  |  |  |  |
|  |  | 合计 |  |  |  |  | 620 00 |  |  |

财务部门主管　　记账　　保管部门主管　章天雄　　发料　谢莉莉　　领料部门主管　李 明　　领料　唐建平

---

## 领 料 单

No. 08214

领用车间部门　二车间
产品号数及成本项目　制造费用　　　　　　　××××年1月9日

| 类别 | 编号 | 名称及规格 | 单位 | 数量 请领 | 数量 实领 | 单价 | 总值 | 分页 | 用途 |
|---|---|---|---|---|---|---|---|---|---|
|  | 5-1 | 三角带 | 根 |  | 30 | 2.60 | 78 00 |  |  |
|  | 5-4 | 扳手 | 把 |  | 25 | 4.70 | 117 50 |  |  |
|  | 5-5 | 焊条 | 千克 |  | 10 | 20.50 | 205 00 |  |  |
|  |  |  |  |  |  |  |  |  |  |
|  |  | 合计 |  |  |  |  | 400 50 |  |  |

财务部门主管　　记账　　保管部门主管　章天雄　　发料　谢莉莉　　领料部门主管　余文华　　领料　许 骏

## 领 料 单

No. 08236

领用车间部门　三车间

产品号数及成本项目　制造费用　　　　　××××年1月23日

| 类别 | 编号 | 名称及规格 | 单位 | 数量 请领 | 数量 实领 | 单价 | 总值 | 分页 | 用途 |
|---|---|---|---|---|---|---|---|---|---|
|  | 5-7 | 回丝 | 千克 |  | 50 | 2.40 | 120 00 |  |  |
|  |  |  |  |  |  |  |  |  |  |
|  |  |  |  |  |  |  |  |  |  |
|  |  |  |  |  |  |  |  |  |  |
|  |  | 合　计 |  |  |  |  | 120 00 |  |  |

财务部门主管　　记账　　保管部门主管 章天雄　　发料 谢莉莉　　领料部门主管 贾　明　　领料 黄华生

---

## 领 料 单

No. 08210

领用车间部门　机修车间

产品号数及成本项目　生产成本——辅助生产成本　　　　　××××年1月7日

| 类别 | 编号 | 名称及规格 | 单位 | 数量 请领 | 数量 实领 | 单价 | 总值 | 分页 | 用途 |
|---|---|---|---|---|---|---|---|---|---|
|  | 5-3 | 扫帚(小) | 把 |  | 1 | 0.25 | 0 25 |  |  |
|  | 5-4 | 扳手 | 把 |  | 5 | 4.70 | 23 50 |  |  |
|  | 5-5 | 焊条 | 千克 |  | 25 | 20.50 | 512 50 |  |  |
|  |  |  |  |  |  |  |  |  |  |
|  |  | 合　计 |  |  |  |  | 536 25 |  |  |

财务部门主管　　记账　　保管部门主管 章天雄　　发料 谢莉莉　　领料部门主管 孙云云　　领料 毛云明

## 领 料 单　　　　　　　　　　No. 08232

领用车间部门　电镀车间
产品号数及成本项目　生产成本——辅助生产成本　　　××××年1月21日

| 类别 | 编号 | 名称及规格 | 单位 | 数量 请领 | 数量 实领 | 单价 | 总值 | 分页 | 用途 |
|---|---|---|---|---|---|---|---|---|---|
|  | 5—1 | 三角带 | 根 |  | 5 | 2.60 | 13 00 |  |  |
|  | 5—3 | 扫帚(大) | 把 |  | 3 | 0.50 | 1 50 |  |  |
|  | 5—7 | 回丝 | 千克 |  | 1 | 2.40 | 2 40 |  |  |
|  |  | 合　计 |  |  |  |  | 16 90 |  |  |

财务部门主管　　记账　　保管部门主管 章天雄　　发料 谢莉莉　　领料部门主管 高长青　　领料 龚哲

---

## 领 料 单　　　　　　　　　　No. 08234

领用车间部门　电镀车间
产品号数及成本项目　生产成本——辅助生产成本　　　××××年1月21日

| 类别 | 编号 | 名称及规格 | 单位 | 数量 请领 | 数量 实领 | 单价 | 总值 | 分页 | 用途 |
|---|---|---|---|---|---|---|---|---|---|
|  | 5—4 | 扳手 | 把 |  | 20 | 4.70 | 94 00 |  |  |
|  | 5—9 | 尖嘴钳 | 只 |  | 50 | 2.50 | 125 00 |  |  |
|  |  | 合　计 |  |  |  |  | 219 00 |  |  |

财务部门主管　　记账　　保管部门主管 章天雄　　发料 谢莉莉　　领料部门主管 高长青　　领料 龚哲

## 领 料 单

No. 08240

领用车间部门 __一车间__

产品号数及成本项目 __制造费用__    ××××年1月25日

| 类别 | 编号 | 名称及规格 | 单位 | 数量 请领 | 数量 实领 | 单价 | 总值 | 分页 | 用途 |
|---|---|---|---|---|---|---|---|---|---|
|  | 4-1 | 圆钢 | 千克 | 40 | 40 | 0.64 | 25 60 |  |  |
|  | 4-2 | 角钢 | 千克 | 60 | 60 | 1.00 | 60 00 |  |  |
|  | 4-3 | 无缝管 | 千克 | 25 | 25 | 1.85 | 46 25 |  |  |
|  |  | 合计 |  |  |  |  | 131 85 |  |  |

财务部门主管　　记账　　保管部门主管 乐意平　　发料 何如飞　　领料部门主管 李明　　领料 戚云堂

## 领 料 单

No. 08215

领用车间部门 __一车间__

产品号数及成本项目 __制造费用__    ××××年1月9日

| 类别 | 编号 | 名称及规格 | 单位 | 数量 请领 | 数量 实领 | 单价 | 总值 | 分页 | 用途 |
|---|---|---|---|---|---|---|---|---|---|
|  | 4-4 | 薄钢 | 千克 | 70 | 70 | 1.75 | 122 50 |  |  |
|  |  | 合计 |  |  |  |  | 122 50 |  |  |

财务部门主管　　记账　　保管部门主管 乐意平　　发料 何如飞　　领料部门主管 李明　　领料 戚云堂

## 领 料 单  No. 08238

领用车间部门：二车间
产品号数及成本项目：制造费用
××××年1月24日

| 类别 | 编号 | 名称及规格 | 单位 | 数量 请领 | 数量 实领 | 单价 | 总值 | 分页 | 用途 |
|---|---|---|---|---|---|---|---|---|---|
|  | 4-2 | 角钢 | 千克 | 80 | 80 | 1.00 | 80.00 |  |  |
|  | 4-3 | 无缝管 | 千克 | 40 | 42 | 1.85 | 77.70 |  |  |
|  | 4-4 | 薄钢 | 千克 | 70 | 71 | 1.75 | 124.25 |  |  |
|  |  | 合计 |  |  |  |  | 281.95 |  |  |

财务部门主管　　记账　　保管部门主管 乐意平　　发料 何如飞　　领料部门主管 余文华　　领料 许骏

---

## 领 料 单  No. 08229

领用车间部门：三车间
产品号数及成本项目：制造费用
××××年1月18日

| 类别 | 编号 | 名称及规格 | 单位 | 数量 请领 | 数量 实领 | 单价 | 总值 | 分页 | 用途 |
|---|---|---|---|---|---|---|---|---|---|
|  | 4-1 | 圆钢 | 千克 | 70 | 70 | 0.64 | 44.80 |  |  |
|  | 4-4 | 中板 | 千克 | 105 | 104.45 | 1.00 | 104.45 |  |  |
|  |  | 合计 |  |  |  |  | 149.25 |  |  |

财务部门主管　　记账　　保管部门主管 乐意平　　发料 何如飞　　领料部门主管 贾明　　领料 黄华生

## 领 料 单

No. 08216

领用车间部门 __电镀车间__
产品号数及成本项目 __生产成本——辅助生产成本__　　××××年1月9日

| 类别 | 编号 | 名称及规格 | 单位 | 数量 请领 | 数量 实领 | 单价 | 总值 | 分页 | 用途 |
|---|---|---|---|---|---|---|---|---|---|
|  | 4—4 | 薄钢 | 千克 | 300 | 318 | 1.75 | 556.50 |  |  |
|  |  |  |  |  |  |  |  |  |  |
|  |  |  |  |  |  |  |  |  |  |
|  |  |  |  |  |  |  |  |  |  |
|  |  | 合　计 |  |  |  |  | 556.50 |  |  |

财务部门主管　　记账　　保管部门主管 乐意平　　发料 何如飞　　领料部门主管 高长青　　领料 龚哲

---

## 领 料 单

No. 08233

领用车间部门 __电镀车间__
产品号数及成本项目 __生产成本——辅助生产成本__　　××××年1月21日

| 类别 | 编号 | 名称及规格 | 单位 | 数量 请领 | 数量 实领 | 单价 | 总值 | 分页 | 用途 |
|---|---|---|---|---|---|---|---|---|---|
|  | 4—1 | 圆钢 | 千克 | 65 | 65 | 0.64 | 41.60 |  |  |
|  | 4—2 | 角钢 | 千克 | 200 | 208 | 1.00 | 208.00 |  |  |
|  | 4—3 | 无缝管 | 千克 | 30 | 31 | 1.85 | 57.35 |  |  |
|  |  |  |  |  |  |  |  |  |  |
|  |  | 合　计 |  |  |  |  | 306.95 |  |  |

财务部门主管　　记账　　保管部门主管 乐意平　　发料 何如飞　　领料部门主管 高长青　　领料 龚哲

## 领 料 单

No. 08225

领用车间部门 __机修工程小组__
产品号数及成本项目 __在建工程——冲床__　　　　　××××年1月14日

| 类别 | 编号 | 名称及规格 | 单位 | 数量 请领 | 数量 实领 | 单价 | 总值 | 分页 | 用途 |
|---|---|---|---|---|---|---|---|---|---|
|  | 4-1 | 圆钢 | 千克 | 300 | 315 | 0.64 | 201 60 |  |  |
|  | 4-2 | 角钢 | 千克 | 480 | 484 | 1.00 | 484 00 |  |  |
|  | 4-3 | 无缝管 | 千克 | 400 | 404 | 1.85 | 747 40 |  |  |
|  |  |  |  |  |  |  |  |  |  |
|  |  | 合计 |  |  |  |  | 1 433 00 |  |  |

财务部门主管　　记账　　保管部门主管 乐意平　　发料 何如飞　　领料部门主管 邓庆华　　领料 吴子牛

---

## 领 料 单

No. 08226

领用车间部门 __机修工程小组__
产品号数及成本项目 __在建工程——冲床__　　　　　××××年1月16日

| 类别 | 编号 | 名称及规格 | 单位 | 数量 请领 | 数量 实领 | 单价 | 总值 | 分页 | 用途 |
|---|---|---|---|---|---|---|---|---|---|
|  |  | 中板 | 千克 | 1 900 | 1 900 | 1.00 | 1 900 00 |  |  |
|  |  |  |  |  |  |  |  |  |  |
|  |  |  |  |  |  |  |  |  |  |
|  |  |  |  |  |  |  |  |  |  |
|  |  | 合计 |  |  |  |  | 1 900 00 |  |  |

财务部门主管　　记账　　保管部门主管 乐意平　　发料 何如飞　　领料部门主管 邓庆华　　领料 吴子牛

---

## 领 料 单

No. 08211

领用车间部门 __机修工程小组__
产品号数及成本项目 __在建工程——磨床__　　　　　××××年1月8日

| 类别 | 编号 | 名称及规格 | 单位 | 数量 请领 | 数量 实领 | 单价 | 总值 | 分页 | 用途 |
|---|---|---|---|---|---|---|---|---|---|
|  | 4-4 | 薄钢 | 千克 | 1 000 | 1 081 | 1.75 | 1 891 75 |  |  |
|  |  |  |  |  |  |  |  |  |  |
|  |  |  |  |  |  |  |  |  |  |
|  |  |  |  |  |  |  |  |  |  |
|  |  | 合计 |  |  |  |  | 1 891 75 |  |  |

财务部门主管　　记账　　保管部门主管 乐意平　　发料 何如飞　　领料部门主管 邓庆华　　领料 吴子牛

## 十二、空白票据、报表（由本书提供）

### 1. 支票 70 张（包括备用数，下同）

| 中国工商银行 | 中国工商银行 支票 | 支票号码：AE101131 |

支票号码：AE101131
签发日期  年  月  日

本支票付款期十天，可以流通转让。

收款人：
金　额：
用　途：

签发日期（大写）：　年　月　日　开户行名称：
收款人：　　　　　　　　　　　　签发人账号：

人民币（大写）　　　　千百十万千百十元角分

用途＿＿＿＿＿＿　　　　　　　　复核
上列款项请从　　　　　　　　　　记账
我账户内支付　　　　　　　　　　验印
签发人签章

---

| 中国工商银行 | 中国工商银行 支票 | 支票号码：AE101132 |

支票号码：AE101132
签发日期  年  月  日

本支票付款期十天，可以流通转让。

收款人：
金　额：
用　途：

签发日期（大写）：　年　月　日　开户行名称：
收款人：　　　　　　　　　　　　签发人账号：

人民币（大写）　　　　千百十万千百十元角分

用途＿＿＿＿＿＿　　　　　　　　复核
上列款项请从　　　　　　　　　　记账
我账户内支付　　　　　　　　　　验印
签发人签章

会计模拟实习

| 被背书人 | 被背书人 | 被背书人 |
|---|---|---|
|  |  |  |
| 背书： <br><br><br> 日期　　年　月　日 | 背书： <br><br><br> 日期　　年　月　日 | 背书： <br><br><br> 日期　　年　月　日 |

| 被背书人 | 被背书人 | 被背书人 |
|---|---|---|
|  |  |  |
| 背书： <br><br><br> 日期　　年　月　日 | 背书： <br><br><br> 日期　　年　月　日 | 背书： <br><br><br> 日期　　年　月　日 |

## 支票 AE101133

**存根**

中国工商银行
支票号码：AE101133
签发日期　　年　月　日

本支票付款期十天，可以流通转让。

收款人：_____
金　额：_____
用　途：_____

---

**中国工商银行　支票**　　支票号码：AE101133

签发日期(大写)：　年　月　日　　开户行名称：
收款人：　　　　　　　　　　　签发人账号：

| 人民币（大写） | 千 | 百 | 十 | 万 | 千 | 百 | 十 | 元 | 角 | 分 |
|---|---|---|---|---|---|---|---|---|---|---|
| | | | | | | | | | | |

用途_____　　　　　　　　　　复核
上列款项请从　　　　　　　　　　　记账
我账户内支付　　　　　　　　　　　验印
签发人签章

---

## 支票 AE101134

**存根**

中国工商银行
支票号码：AE101134
签发日期　　年　月　日

本支票付款期十天，可以流通转让。

收款人：_____
金　额：_____
用　途：_____

---

**中国工商银行　支票**　　支票号码：AE101134

签发日期(大写)：　年　月　日　　开户行名称：
收款人：　　　　　　　　　　　签发人账号：

| 人民币（大写） | 千 | 百 | 十 | 万 | 千 | 百 | 十 | 元 | 角 | 分 |
|---|---|---|---|---|---|---|---|---|---|---|
| | | | | | | | | | | |

用途_____　　　　　　　　　　复核
上列款项请从　　　　　　　　　　　记账
我账户内支付　　　　　　　　　　　验印
签发人签章

| 被背书人 | 被背书人 | 被背书人 |
|---|---|---|
|  |  |  |
| 背书： | 背书： | 背书： |
| 日期　　年　月　日 | 日期　　年　月　日 | 日期　　年　月　日 |

| 被背书人 | 被背书人 | 被背书人 |
|---|---|---|
|  |  |  |
| 背书： | 背书： | 背书： |
| 日期　　年　月　日 | 日期　　年　月　日 | 日期　　年　月　日 |

| 中国工商银行 | 中国工商银行 支票　支票号码：AE*101135* |
|---|---|
| 支票号码：AE*101135* | 签发日期(大写)：　年　月　日　开户行名称： |
| 签发日期　年　月　日 | 收款人：　　　　　　　　　　签发人账号： |
| | 人民币(大写)　　　　　　千百十万千百十元角分 |
| 收款人：＿＿＿＿＿＿ | 用途＿＿＿＿＿　　　　　　　　　　复核 |
| 金　额：＿＿＿＿＿＿ | 上列款项请从　　　　　　　　　　记账 |
| 用　途：＿＿＿＿＿＿ | 我账户内支付　　　　　　　　　　验印 |
| | 签发人签章 |

本支票付款期十天，可以流通转让。

---

| 中国工商银行 | 中国工商银行 支票　支票号码：AE*101136* |
|---|---|
| 支票号码：AE*101136* | 签发日期(大写)：　年　月　日　开户行名称： |
| 签发日期　年　月　日 | 收款人：　　　　　　　　　　签发人账号： |
| | 人民币(大写)　　　　　　千百十万千百十元角分 |
| 收款人：＿＿＿＿＿＿ | 用途＿＿＿＿＿　　　　　　　　　　复核 |
| 金　额：＿＿＿＿＿＿ | 上列款项请从　　　　　　　　　　记账 |
| 用　途：＿＿＿＿＿＿ | 我账户内支付　　　　　　　　　　验印 |
| | 签发人签章 |

本支票付款期十天，可以流通转让。

会计模拟实习

| 被背书人 | 被背书人 | 被背书人 |
|---|---|---|
| | | |
| 背书： | 背书： | 背书： |
| 日期　　年　月　日 | 日期　　年　月　日 | 日期　　年　月　日 |

| 被背书人 | 被背书人 | 被背书人 |
|---|---|---|
| | | |
| 背书： | 背书： | 背书： |
| 日期　　年　月　日 | 日期　　年　月　日 | 日期　　年　月　日 |

| 中国工商银行 | 中国工商银行　支票　支票号码：AE*101137* |
|---|---|
| 支票号码：AE*101137* | 签发日期(大写)：　年　月　日　　开户行名称： |
| 签发日期　年　月　日 | 收款人：　　　　　　　　　　签发人账号： |
| | 人民币（大写）　　　　　千百十万千百十元角分 |
| 本支票付款期十天，可以流通转让。 | 用途_____　　　　　　　　　　　复核 |
| 收款人：............ | 上列款项请从　　　　　　　　　　　　记账 |
| 金　额：............ | 我账户内支付　　　　　　　　　　　　验印 |
| 用　途：............ | 签发人签章 |

| 中国工商银行 | 中国工商银行　支票　支票号码：AE*101138* |
|---|---|
| 支票号码：AE*101138* | 签发日期(大写)：　年　月　日　　开户行名称： |
| 签发日期　年　月　日 | 收款人：　　　　　　　　　　签发人账号： |
| | 人民币（大写）　　　　　千百十万千百十元角分 |
| 本支票付款期十天，可以流通转让。 | 用途_____　　　　　　　　　　　复核 |
| 收款人：............ | 上列款项请从　　　　　　　　　　　　记账 |
| 金　额：............ | 我账户内支付　　　　　　　　　　　　验印 |
| 用　途：............ | 签发人签章 |

会计模拟实习

| 被背书人 | 被背书人 | 被背书人 |
|---|---|---|
|  |  |  |
| 背书： | 背书： | 背书： |
| 日期　　年　月　日 | 日期　　年　月　日 | 日期　　年　月　日 |

| 被背书人 | 被背书人 | 被背书人 |
|---|---|---|
|  |  |  |
| 背书： | 背书： | 背书： |
| 日期　　年　月　日 | 日期　　年　月　日 | 日期　　年　月　日 |

| 中国工商银行 | 中国工商银行　支票 |
| --- | --- |
| 支票号码：AE101139 | 支票号码：AE101139 |

本支票付款期十天，可以流通转让。

支票号码：AE101139
签发日期　年　月　日

签发日期(大写)：　年　月　日　开户行名称：
收款人：　　　　　　　　　签发人账号：

人民币（大写）　｜千｜百｜十｜万｜千｜百｜十｜元｜角｜分｜

用途_____　　　　　　　　　　复核
上列款项请从　　　　　　　　　　　记账
我账户内支付　　　　　　　　　　　验印
签发人签章

收款人：_____
金　额：_____
用　途：_____

---

本支票付款期十天，可以流通转让。

中国工商银行
支票号码：AE101140
签发日期　年　月　日

中国工商银行　支票
支票号码：AE101140

签发日期(大写)：　年　月　日　开户行名称：
收款人：　　　　　　　　　签发人账号：

人民币（大写）　｜千｜百｜十｜万｜千｜百｜十｜元｜角｜分｜

用途_____　　　　　　　　　　复核
上列款项请从　　　　　　　　　　　记账
我账户内支付　　　　　　　　　　　验印
签发人签章

收款人：_____
金　额：_____
用　途：_____

会计模拟实习　275

| 被背书人 | 被背书人 | 被背书人 |
|---|---|---|
|  |  |  |
| 背书： | 背书： | 背书： |
| 日期　　年　月　日 | 日期　　年　月　日 | 日期　　年　月　日 |

| 被背书人 | 被背书人 | 被背书人 |
|---|---|---|
|  |  |  |
| 背书： | 背书： | 背书： |
| 日期　　年　月　日 | 日期　　年　月　日 | 日期　　年　月　日 |

| 中国工商银行 | 中国工商银行　支票　支票号码：AE*101141* |
|---|---|
| 支票号码：AE*101141* | |
| 签发日期　　年　月　日 | 签发日期(大写)：　年　月　日　开户行名称： |
| | 收款人：　　　　　　　　　签发人账号： |
| | 人民币（大写）　　　　千百十万千百十元角分 |
| 收款人：............ | 用途＿＿＿＿＿　　　　　　　　　　复核 |
| 金　额：............ | 上列款项请从　　　　　　　　　　　　记账 |
| 用　途：............ | 我账户内支付　　　　　　　　　　　　验印 |
| | 签发人签章 |

本支票付款期十天，可以流通转让。

---

| 中国工商银行 | 中国工商银行　支票　支票号码：AE*101142* |
|---|---|
| 支票号码：AE*101142* | |
| 签发日期　　年　月　日 | 签发日期(大写)：　年　月　日　开户行名称： |
| | 收款人：　　　　　　　　　签发人账号： |
| | 人民币（大写）　　　　千百十万千百十元角分 |
| 收款人：............ | 用途＿＿＿＿＿　　　　　　　　　　复核 |
| 金　额：............ | 上列款项请从　　　　　　　　　　　　记账 |
| 用　途：............ | 我账户内支付　　　　　　　　　　　　验印 |
| | 签发人签章 |

本支票付款期十天，可以流通转让。

会计模拟实习

| 被背书人 | 被背书人 | 被背书人 |
|---|---|---|
|  |  |  |
| 背书: | 背书: | 背书: |
| 日期　　年　月　日 | 日期　　年　月　日 | 日期　　年　月　日 |

| 被背书人 | 被背书人 | 被背书人 |
|---|---|---|
|  |  |  |
| 背书: | 背书: | 背书: |
| 日期　　年　月　日 | 日期　　年　月　日 | 日期　　年　月　日 |

## 支票 AE101143

**存根**

中国工商银行
支票号码：AE101143
签发日期　年　月　日

本支票付款期十天，可以流通转让。

收款人：_____
金　额：_____
用　途：_____

**支票正面**

中国工商银行　支票　　支票号码：AE101143

签发日期(大写)：　年　月　日　　开户行名称：
收款人：　　　　　　　　　　　签发人账号：

| 人民币（大写） | 千 | 百 | 十 | 万 | 千 | 百 | 十 | 元 | 角 | 分 |
|---|---|---|---|---|---|---|---|---|---|---|
|  |  |  |  |  |  |  |  |  |  |  |

用途_____　　　　　　　　　复核
上列款项请从　　　　　　　　　　记账
我账户内支付　　　　　　　　　　验印
签发人签章

---

## 支票 AE101144

**存根**

中国工商银行
支票号码：AE101144
签发日期　年　月　日

本支票付款期十天，可以流通转让。

收款人：_____
金　额：_____
用　途：_____

**支票正面**

中国工商银行　支票　　支票号码：AE101144

签发日期(大写)：　年　月　日　　开户行名称：
收款人：　　　　　　　　　　　签发人账号：

| 人民币（大写） | 千 | 百 | 十 | 万 | 千 | 百 | 十 | 元 | 角 | 分 |
|---|---|---|---|---|---|---|---|---|---|---|
|  |  |  |  |  |  |  |  |  |  |  |

用途_____　　　　　　　　　复核
上列款项请从　　　　　　　　　　记账
我账户内支付　　　　　　　　　　验印
签发人签章

会计模拟实习

| 被背书人 | 被背书人 | 被背书人 |
|---|---|---|
| 背书： | 背书： | 背书： |
| 日期　　年　月　日 | 日期　　年　月　日 | 日期　　年　月　日 |

| 被背书人 | 被背书人 | 被背书人 |
|---|---|---|
| 背书： | 背书： | 背书： |
| 日期　　年　月　日 | 日期　　年　月　日 | 日期　　年　月　日 |

| 中国工商银行 | 中国工商银行　支票　支票号码：AE*101145* |
|---|---|
| 支票号码：AE*101145* | 签发日期(大写)：　年　月　日　　开户行名称： |
| 签发日期　年　月　日 | 收款人：　　　　　　　　　　　　签发人账号： |
| 本支票付款期十天，可以流通转让。 | 人民币（大写）　　　　　　　　千百十万千百十元角分 |
| 收款人：_____ | 用途_____　　　　　　　　　　　　复核 |
| 金　额：_____ | 上列款项请从　　　　　　　　　　　　记账 |
| 用　途：_____ | 我账户内支付　　　　　　　　　　　　验印 |
|  | 签发人签章 |

| 中国工商银行 | 中国工商银行　支票　支票号码：AE*101146* |
|---|---|
| 支票号码：AE*101146* | 签发日期(大写)：　年　月　日　　开户行名称： |
| 签发日期　年　月　日 | 收款人：　　　　　　　　　　　　签发人账号： |
| 本支票付款期十天，可以流通转让。 | 人民币（大写）　　　　　　　　千百十万千百十元角分 |
| 收款人：_____ | 用途_____　　　　　　　　　　　　复核 |
| 金　额：_____ | 上列款项请从　　　　　　　　　　　　记账 |
| 用　途：_____ | 我账户内支付　　　　　　　　　　　　验印 |
|  | 签发人签章 |

会计模拟实习

| 被背书人 | 被背书人 | 被背书人 |
|---|---|---|
|  |  |  |
| 背书： | 背书： | 背书： |
| 日期　　年　月　日 | 日期　　年　月　日 | 日期　　年　月　日 |

| 被背书人 | 被背书人 | 被背书人 |
|---|---|---|
|  |  |  |
| 背书： | 背书： | 背书： |
| 日期　　年　月　日 | 日期　　年　月　日 | 日期　　年　月　日 |

| 中国工商银行 | 中国工商银行 支票　支票号码：AE101147 |
|---|---|
| 支票号码：AE101147 | 签发日期(大写)：　年　月　日　　开户行名称： |
| 签发日期　年　月　日 | 收款人：　　　　　　　　　　签发人账号： |
| | 人民币（大写）　　　　　千百十万千百十元角分 |
| 收款人： | 用途＿＿＿＿＿　　　　　　　　　　复核 |
| 金　额： | 上列款项请从　　　　　　　　　　　记账 |
| 用　途： | 我账户内支付　　　　　　　　　　　验印 |
| | 签发人签章 |

本支票付款期十天，可以流通转让。

---

| 中国工商银行 | 中国工商银行 支票　支票号码：AE101148 |
|---|---|
| 支票号码：AE101148 | 签发日期(大写)：　年　月　日　　开户行名称： |
| 签发日期　年　月　日 | 收款人：　　　　　　　　　　签发人账号： |
| | 人民币（大写）　　　　　千百十万千百十元角分 |
| 收款人： | 用途＿＿＿＿＿　　　　　　　　　　复核 |
| 金　额： | 上列款项请从　　　　　　　　　　　记账 |
| 用　途： | 我账户内支付　　　　　　　　　　　验印 |
| | 签发人签章 |

本支票付款期十天，可以流通转让。

会计模拟实习

| 被背书人 | 被背书人 | 被背书人 |
|---|---|---|
|  |  |  |
| 背书： | 背书： | 背书： |
| 日期　　年　月　日 | 日期　　年　月　日 | 日期　　年　月　日 |

| 被背书人 | 被背书人 | 被背书人 |
|---|---|---|
|  |  |  |
| 背书： | 背书： | 背书： |
| 日期　　年　月　日 | 日期　　年　月　日 | 日期　　年　月　日 |

| 中国工商银行 | 中国工商银行 支票 支票号码：AE101149 |
| --- | --- |
| 支票号码：AE101149 签发日期 年 月 日 · 收款人：_____ 金 额：_____ 用 途：_____ | 签发日期(大写)： 年 月 日 开户行名称： 收款人： 签发人账号： 人民币（大写） 千百十万千百十元角分 用途_____ 复核 上列款项请从 记账 我账户内支付 验印 签发人签章 |

本支票付款期十天，可以流通转让。

---

| 中国工商银行 | 中国工商银行 支票 支票号码：AE101150 |
| --- | --- |
| 支票号码：AE101150 签发日期 年 月 日 收款人：_____ 金 额：_____ 用 途：_____ | 签发日期(大写)： 年 月 日 开户行名称： 收款人： 签发人账号： 人民币（大写） 千百十万千百十元角分 用途_____ 复核 上列款项请从 记账 我账户内支付 验印 签发人签章 |

本支票付款期十天，可以流通转让。

会计模拟实习

| 被背书人 | 被背书人 | 被背书人 |
|---|---|---|
| | | |
| 背书: | 背书: | 背书: |
| 日期　　年　月　日 | 日期　　年　月　日 | 日期　　年　月　日 |

| 被背书人 | 被背书人 | 被背书人 |
|---|---|---|
| | | |
| 背书: | 背书: | 背书: |
| 日期　　年　月　日 | 日期　　年　月　日 | 日期　　年　月　日 |

| 中国工商银行 | 中国工商银行 支票　支票号码：AE101151 |
|---|---|
| 支票号码：AE101151　　　　　　　　　　　　　　　　　　　　　　　　　　　本支票付款期十天，可以流通转让。 签发日期　　年　月　日　　收款人：＿＿＿＿＿＿　金　额：＿＿＿＿＿＿　用　途：＿＿＿＿＿＿ | 签发日期(大写)：　年　月　日　开户行名称：　收款人：　　　　　　　　　签发人账号：　人民币(大写)　｜千｜百｜十｜万｜千｜百｜十｜元｜角｜分｜　用途＿＿＿＿　　　　　　　　　复核　上列款项请从　　　　　　　　　记账　我账户内支付　　　　　　　　　验印　签发人签章 |

| 中国工商银行 | 中国工商银行 支票　支票号码：AE101152 |
|---|---|
| 支票号码：AE101152　　　　　　　　　　　　　　　　　　　　　　　　　　　本支票付款期十天，可以流通转让。 签发日期　　年　月　日　　收款人：＿＿＿＿＿＿　金　额：＿＿＿＿＿＿　用　途：＿＿＿＿＿＿ | 签发日期(大写)：　年　月　日　开户行名称：　收款人：　　　　　　　　　签发人账号：　人民币(大写)　｜千｜百｜十｜万｜千｜百｜十｜元｜角｜分｜　用途＿＿＿＿　　　　　　　　　复核　上列款项请从　　　　　　　　　记账　我账户内支付　　　　　　　　　验印　签发人签章 |

会计模拟实习

| 被背书人 | 被背书人 | 被背书人 |
|---|---|---|
|  |  |  |
| 背书： <br><br> 日期　　年　月　日 | 背书： <br><br> 日期　　年　月　日 | 背书： <br><br> 日期　　年　月　日 |

| 被背书人 | 被背书人 | 被背书人 |
|---|---|---|
|  |  |  |
| 背书： <br><br> 日期　　年　月　日 | 背书： <br><br> 日期　　年　月　日 | 背书： <br><br> 日期　　年　月　日 |

| 中国工商银行 | 中国工商银行 支票 支票号码：AE101153 |
|---|---|
| 支票号码：AE101153 签发日期 年 月 日 本支票付款期十天，可以流通转让。 收款人： 金　额： 用　途： | 签发日期(大写)： 年 月 日 开户行名称： 收款人： 签发人账号： 人民币（大写） 千百十万千百十元角分 用途＿＿＿＿ 复核 上列款项请从 记账 我账户内支付 验印 签发人签章 |

| 中国工商银行 | 中国工商银行 支票 支票号码：AE101154 |
|---|---|
| 支票号码：AE101154 签发日期 年 月 日 本支票付款期十天，可以流通转让。 收款人： 金　额： 用　途： | 签发日期(大写)： 年 月 日 开户行名称： 收款人： 签发人账号： 人民币（大写） 千百十万千百十元角分 用途＿＿＿＿ 复核 上列款项请从 记账 我账户内支付 验印 签发人签章 |

会计模拟实习

| 被背书人 | 被背书人 | 被背书人 |
|---|---|---|
|  |  |  |
| 背书: <br><br><br>日期　　年　月　日 | 背书: <br><br><br>日期　　年　月　日 | 背书: <br><br><br>日期　　年　月　日 |

| 被背书人 | 被背书人 | 被背书人 |
|---|---|---|
|  |  |  |
| 背书: <br><br><br>日期　　年　月　日 | 背书: <br><br><br>日期　　年　月　日 | 背书: <br><br><br>日期　　年　月　日 |

## 支票 AE101155

**存根联**

中国工商银行
支票号码：AE101155
签发日期　　年　月　日

本支票付款期十天，可以流通转让。

收款人：..................
金　额：..................
用　途：..................

**支票正面**

中国工商银行　支票　　支票号码：AE101155

签发日期(大写)：　年　月　日　　开户行名称：
收款人：　　　　　　　　　　　签发人账号：

| 人民币(大写) | 千 | 百 | 十 | 万 | 千 | 百 | 十 | 元 | 角 | 分 |
|---|---|---|---|---|---|---|---|---|---|---|
| | | | | | | | | | | |

用途_____　　　　　　　　　　复核
上列款项请从　　　　　　　　　　记账
我账户内支付　　　　　　　　　　验印
签发人签章

---

## 支票 AE101156

**存根联**

中国工商银行
支票号码：AE101156
签发日期　　年　月　日

本支票付款期十天，可以流通转让。

收款人：..................
金　额：..................
用　途：..................

**支票正面**

中国工商银行　支票　　支票号码：AE101156

签发日期(大写)：　年　月　日　　开户行名称：
收款人：　　　　　　　　　　　签发人账号：

| 人民币(大写) | 千 | 百 | 十 | 万 | 千 | 百 | 十 | 元 | 角 | 分 |
|---|---|---|---|---|---|---|---|---|---|---|
| | | | | | | | | | | |

用途_____　　　　　　　　　　复核
上列款项请从　　　　　　　　　　记账
我账户内支付　　　　　　　　　　验印
签发人签章

会计模拟实习

| 被背书人 | 被背书人 | 被背书人 |
|---|---|---|
|  |  |  |
| 背书： | 背书： | 背书： |
| 日期　　年　月　日 | 日期　　年　月　日 | 日期　　年　月　日 |

| 被背书人 | 被背书人 | 被背书人 |
|---|---|---|
|  |  |  |
| 背书： | 背书： | 背书： |
| 日期　　年　月　日 | 日期　　年　月　日 | 日期　　年　月　日 |

## 支票 (AE101157)

**中国工商银行**
支票号码：AE101157
签发日期　年　月　日

收款人：_____
金　额：_____
用　途：_____

本支票付款期十天，可以流通转让。

---

**中国工商银行　支票**　　支票号码：AE101157

签发日期(大写)：　年　月　日　　开户行名称：
收款人：　　　　　　　　　　　　签发人账号：

| 人民币（大写） | 千 | 百 | 十 | 万 | 千 | 百 | 十 | 元 | 角 | 分 |
|---|---|---|---|---|---|---|---|---|---|---|
| | | | | | | | | | | |

用途_____　　　　　　　　　　　复核
上列款项请从　　　　　　　　　　　　记账
我账户内支付　　　　　　　　　　　　验印
签发人签章

---

## 支票 (AE101158)

**中国工商银行**
支票号码：AE101158
签发日期　年　月　日

收款人：_____
金　额：_____
用　途：_____

本支票付款期十天，可以流通转让。

---

**中国工商银行　支票**　　支票号码：AE101158

签发日期(大写)：　年　月　日　　开户行名称：
收款人：　　　　　　　　　　　　签发人账号：

| 人民币（大写） | 千 | 百 | 十 | 万 | 千 | 百 | 十 | 元 | 角 | 分 |
|---|---|---|---|---|---|---|---|---|---|---|
| | | | | | | | | | | |

用途_____　　　　　　　　　　　复核
上列款项请从　　　　　　　　　　　　记账
我账户内支付　　　　　　　　　　　　验印
签发人签章

会计模拟实习

| 被背书人 | 被背书人 | 被背书人 |
|---|---|---|
|  |  |  |
| 背书: | 背书: | 背书: |
| 日期　　年　月　日 | 日期　　年　月　日 | 日期　　年　月　日 |

| 被背书人 | 被背书人 | 被背书人 |
|---|---|---|
|  |  |  |
| 背书: | 背书: | 背书: |
| 日期　　年　月　日 | 日期　　年　月　日 | 日期　　年　月　日 |

| 中国工商银行 | 中国工商银行　支票 |
|---|---|
| 支票号码：AE101159 | 支票号码：AE101159 |
| 签发日期　年　月　日 | 签发日期(大写)：　年　月　日　　开户行名称： |
| | 收款人：　　　　　　　　　签发人账号： |
| | 人民币（大写）　　　　　千百十万千百十元角分 |
| 收款人：＿＿＿＿＿ | 用途＿＿＿＿　　　　　　　　　复核 |
| 金　额：＿＿＿＿＿ | 上列款项请从　　　　　　　　　记账 |
| 用　途：＿＿＿＿＿ | 我账户内支付　　　　　　　　　验印 |
| | 签发人签章 |

本支票付款期十天，可以流通转让。

---

| 中国工商银行 | 中国工商银行　支票 |
|---|---|
| 支票号码：AE101160 | 支票号码：AE101160 |
| 签发日期　年　月　日 | 签发日期(大写)：　年　月　日　　开户行名称： |
| | 收款人：　　　　　　　　　签发人账号： |
| | 人民币（大写）　　　　　千百十万千百十元角分 |
| 收款人：＿＿＿＿＿ | 用途＿＿＿＿　　　　　　　　　复核 |
| 金　额：＿＿＿＿＿ | 上列款项请从　　　　　　　　　记账 |
| 用　途：＿＿＿＿＿ | 我账户内支付　　　　　　　　　验印 |
| | 签发人签章 |

本支票付款期十天，可以流通转让。

会计模拟实习

| 被背书人 | 被背书人 | 被背书人 |
|---|---|---|
|  |  |  |
| 背书： | 背书： | 背书： |
| 日期　　年　月　日 | 日期　　年　月　日 | 日期　　年　月　日 |

| 被背书人 | 被背书人 | 被背书人 |
|---|---|---|
|  |  |  |
| 背书： | 背书： | 背书： |
| 日期　　年　月　日 | 日期　　年　月　日 | 日期　　年　月　日 |

## 支票存根（一）

中国工商银行
支票号码：AE101161
签发日期　年　月　日

本支票付款期十天，可以流通转让。

收款人：_____
金　额：_____
用　途：_____

## 支票（一）

中国工商银行　支票　　支票号码：AE101161

签发日期(大写)：　年　月　日　　开户行名称：
收款人：　　　　　　　　　　　　签发人账号：

| 人民币（大写） | 千 | 百 | 十 | 万 | 千 | 百 | 十 | 元 | 角 | 分 |
|---|---|---|---|---|---|---|---|---|---|---|
| | | | | | | | | | | |

用途_____　　　　　　　　　　复核
上列款项请从　　　　　　　　　　记账
我账户内支付　　　　　　　　　　验印
签发人签章

---

## 支票存根（二）

中国工商银行
支票号码：AE101162
签发日期　年　月　日

本支票付款期十天，可以流通转让。

收款人：_____
金　额：_____
用　途：_____

## 支票（二）

中国工商银行　支票　　支票号码：AE101162

签发日期(大写)：　年　月　日　　开户行名称：
收款人：　　　　　　　　　　　　签发人账号：

| 人民币（大写） | 千 | 百 | 十 | 万 | 千 | 百 | 十 | 元 | 角 | 分 |
|---|---|---|---|---|---|---|---|---|---|---|
| | | | | | | | | | | |

用途_____　　　　　　　　　　复核
上列款项请从　　　　　　　　　　记账
我账户内支付　　　　　　　　　　验印
签发人签章

会计模拟实习

| 被背书人 | 被背书人 | 被背书人 |
|---|---|---|
|  |  |  |
| 背书: | 背书: | 背书: |
| 日期　年　月　日 | 日期　年　月　日 | 日期　年　月　日 |

| 被背书人 | 被背书人 | 被背书人 |
|---|---|---|
|  |  |  |
| 背书: | 背书: | 背书: |
| 日期　年　月　日 | 日期　年　月　日 | 日期　年　月　日 |

| 中国工商银行 | 中国工商银行 支票　　　支票号码：AE101163 |
|---|---|
| 支票号码：AE101163　　　　　　　　　　　　　　　　　签发日期　　年　月　日　　　　　　　　　　　　　　　　　　　收款人：　　　　　　　　　　　　　　　　　金　　额：　　　　　　　　　　　　　　　　　用　　途： | 签发日期(大写):　年　月　日　开户行名称：<br>收款人：　　　　　　　　　　签发人账号：<br>人民币（大写）　　　千百十万千百十元角分<br>用途_____　　　　　　　　　　　　复核<br>上列款项请从　　　　　　　　　　　　记账<br>我账户内支付　　　　　　　　　　　　验印<br>签发人签章 |

本支票付款期十天，可以流通转让。

| 中国工商银行 | 中国工商银行 支票　　　支票号码：AE101164 |
|---|---|
| 支票号码：AE101164　　　　　　　　　　　　　　　　　签发日期　　年　月　日　　　　　　　　　　　　　　　　　　　收款人：　　　　　　　　　　　　　　　　　金　　额：　　　　　　　　　　　　　　　　　用　　途： | 签发日期(大写):　年　月　日　开户行名称：<br>收款人：　　　　　　　　　　签发人账号：<br>人民币（大写）　　　千百十万千百十元角分<br>用途_____　　　　　　　　　　　　复核<br>上列款项请从　　　　　　　　　　　　记账<br>我账户内支付　　　　　　　　　　　　验印<br>签发人签章 |

本支票付款期十天，可以流通转让。

| 被背书人 | 被背书人 | 被背书人 |
|---|---|---|
|  |  |  |
| 背书： | 背书： | 背书： |
| 日期　　年　月　日 | 日期　　年　月　日 | 日期　　年　月　日 |

| 被背书人 | 被背书人 | 被背书人 |
|---|---|---|
|  |  |  |
| 背书： | 背书： | 背书： |
| 日期　　年　月　日 | 日期　　年　月　日 | 日期　　年　月　日 |

| 中国工商银行 | | 中国工商银行　支票　支票号码：AE101165 |
|---|---|---|
| 支票号码：AE101165 | | 签发日期(大写)：　年　月　日　开户行名称： |
| 签发日期　年　月　日 | | 收款人：　　　　　　　　签发人账号： |
| | | 人民币（大写）　　　　千百十万千百十元角分 |
| | | 用途_____　　　　　　　　　　　复核 |
| 收款人：_____ | | 上列款项请从　　　　　　　　　　　　记账 |
| 金　额：_____ | | 我账户内支付　　　　　　　　　　　　验印 |
| 用　途：_____ | | 签发人签章 |

本支票付款期十天，可以流通转让。

---

| 中国工商银行 | | 中国工商银行　支票　支票号码：AE101166 |
|---|---|---|
| 支票号码：AE101166 | | 签发日期(大写)：　年　月　日　开户行名称： |
| 签发日期　年　月　日 | | 收款人：　　　　　　　　签发人账号： |
| | | 人民币（大写）　　　　千百十万千百十元角分 |
| | | 用途_____　　　　　　　　　　　复核 |
| 收款人：_____ | | 上列款项请从　　　　　　　　　　　　记账 |
| 金　额：_____ | | 我账户内支付　　　　　　　　　　　　验印 |
| 用　途：_____ | | 签发人签章 |

本支票付款期十天，可以流通转让。

会计模拟实习

| 被背书人 | 被背书人 | 被背书人 |
|---|---|---|
|  |  |  |
| 背书： | 背书： | 背书： |
| 日期　年　月　日 | 日期　年　月　日 | 日期　年　月　日 |

| 被背书人 | 被背书人 | 被背书人 |
|---|---|---|
|  |  |  |
| 背书： | 背书： | 背书： |
| 日期　年　月　日 | 日期　年　月　日 | 日期　年　月　日 |

## 中国工商银行 支票

**支票存根（第一联）**
中国工商银行
支票号码：AE101167
签发日期　　年　月　日

本支票付款期十天，可以流通转让。

收款人：_____
金　额：_____
用　途：_____

**支票（第二联）**
中国工商银行　支票　　支票号码：AE101167
签发日期(大写)：　年　月　日　　开户行名称：
收款人：　　　　　　　　　签发人账号：

| 人民币（大写） | 千 | 百 | 十 | 万 | 千 | 百 | 十 | 元 | 角 | 分 |
|---|---|---|---|---|---|---|---|---|---|---|
|  |  |  |  |  |  |  |  |  |  |  |

用途_____　　　　　　复核
上列款项请从　　　　　　　记账
我账户内支付　　　　　　　验印
签发人签章

---

**支票存根（第一联）**
中国工商银行
支票号码：AE101168
签发日期　　年　月　日

本支票付款期十天，可以流通转让。

收款人：_____
金　额：_____
用　途：_____

**支票（第二联）**
中国工商银行　支票　　支票号码：AE101168
签发日期(大写)：　年　月　日　　开户行名称：
收款人：　　　　　　　　　签发人账号：

| 人民币（大写） | 千 | 百 | 十 | 万 | 千 | 百 | 十 | 元 | 角 | 分 |
|---|---|---|---|---|---|---|---|---|---|---|
|  |  |  |  |  |  |  |  |  |  |  |

用途_____　　　　　　复核
上列款项请从　　　　　　　记账
我账户内支付　　　　　　　验印
签发人签章

| 被背书人 | 被背书人 | 被背书人 |
|---|---|---|
|  |  |  |
| 背书： | 背书： | 背书： |
| 日期　　年　月　日 | 日期　　年　月　日 | 日期　　年　月　日 |

| 被背书人 | 被背书人 | 被背书人 |
|---|---|---|
|  |  |  |
| 背书： | 背书： | 背书： |
| 日期　　年　月　日 | 日期　　年　月　日 | 日期　　年　月　日 |

## 中国工商银行支票 AE101169

**存根**
中国工商银行
支票号码：AE101169
签发日期　　年　月　日

本支票付款期十天，可以流通转让。

收款人：＿＿＿＿＿＿＿
金　额：＿＿＿＿＿＿＿
用　途：＿＿＿＿＿＿＿

**支票**
中国工商银行　支票　支票号码：AE101169
签发日期(大写)：　年　月　日　开户行名称：
收款人：　　　　　　　签发人账号：

| 人民币（大写） | 千 | 百 | 十 | 万 | 千 | 百 | 十 | 元 | 角 | 分 |
|---|---|---|---|---|---|---|---|---|---|---|
| | | | | | | | | | | |

用途＿＿＿＿＿＿　　　　　　　　复核
上列款项请从　　　　　　　　　　记账
我账户内支付　　　　　　　　　　验印
签发人签章

---

## 中国工商银行支票 AE101170

**存根**
中国工商银行
支票号码：AE101170
签发日期　　年　月　日

本支票付款期十天，可以流通转让。

收款人：＿＿＿＿＿＿＿
金　额：＿＿＿＿＿＿＿
用　途：＿＿＿＿＿＿＿

**支票**
中国工商银行　支票　支票号码：AE101170
签发日期(大写)：　年　月　日　开户行名称：
收款人：　　　　　　　签发人账号：

| 人民币（大写） | 千 | 百 | 十 | 万 | 千 | 百 | 十 | 元 | 角 | 分 |
|---|---|---|---|---|---|---|---|---|---|---|
| | | | | | | | | | | |

用途＿＿＿＿＿＿　　　　　　　　复核
上列款项请从　　　　　　　　　　记账
我账户内支付　　　　　　　　　　验印
签发人签章

会计模拟实习

| 被背书人 | 被背书人 | 被背书人 |
|---|---|---|
|  |  |  |
| 背书： | 背书： | 背书： |
| 日期　　年　月　日 | 日期　　年　月　日 | 日期　　年　月　日 |

| 被背书人 | 被背书人 | 被背书人 |
|---|---|---|
|  |  |  |
| 背书： | 背书： | 背书： |
| 日期　　年　月　日 | 日期　　年　月　日 | 日期　　年　月　日 |

| 中国工商银行 | 中国工商银行　支票　　支票号码：AE101171 |
|---|---|
| 支票号码：AE101171 | 签发日期（大写）：　年　月　日　　开户行名称： |
| 签发日期　年　月　日 | 收款人：　　　　　　　　　　签发人账号： |
| 本支票付款期十天，可以流通转让。 | 人民币（大写）　　　　　　千百十万千百十元角分 |
| 收款人：_____ | 用途_____　　　　　　　　　　　　复核 |
| 金　额：_____ | 上列款项请从　　　　　　　　　　　　记账 |
| 用　途：_____ | 我账户内支付　　　　　　　　　　　　验印 |
|  | 签发人签章 |

| 中国工商银行 | 中国工商银行　支票　　支票号码：AE101172 |
|---|---|
| 支票号码：AE101172 | 签发日期（大写）：　年　月　日　　开户行名称： |
| 签发日期　年　月　日 | 收款人：　　　　　　　　　　签发人账号： |
| 本支票付款期十天，可以流通转让。 | 人民币（大写）　　　　　　千百十万千百十元角分 |
| 收款人：_____ | 用途_____　　　　　　　　　　　　复核 |
| 金　额：_____ | 上列款项请从　　　　　　　　　　　　记账 |
| 用　途：_____ | 我账户内支付　　　　　　　　　　　　验印 |
|  | 签发人签章 |

| 被背书人 | 被背书人 | 被背书人 |
|---|---|---|
|  |  |  |
| 背书： | 背书： | 背书： |
| 日期　　年　月　日 | 日期　　年　月　日 | 日期　　年　月　日 |

| 被背书人 | 被背书人 | 被背书人 |
|---|---|---|
|  |  |  |
| 背书： | 背书： | 背书： |
| 日期　　年　月　日 | 日期　　年　月　日 | 日期　　年　月　日 |

## 支票（一）

**存根联：**
中国工商银行
支票号码：AE101173
签发日期　年　月　日

收款人：_____
金　额：_____
用　途：_____

本支票付款期十天，可以流通转让。

**支票联：**
中国工商银行　支票　　支票号码：AE101173
签发日期(大写)：　年　月　日　　开户行名称：
收款人：　　　　　　　　签发人账号：

| 人民币（大写） | 千 | 百 | 十 | 万 | 千 | 百 | 十 | 元 | 角 | 分 |
|---|---|---|---|---|---|---|---|---|---|---|
| | | | | | | | | | | |

用途_____　　　　　　　复核
上列款项请从　　　　　　　　记账
我账户内支付　　　　　　　　验印
签发人签章

---

## 支票（二）

**存根联：**
中国工商银行
支票号码：AE101174
签发日期　年　月　日

收款人：_____
金　额：_____
用　途：_____

本支票付款期十天，可以流通转让。

**支票联：**
中国工商银行　支票　　支票号码：AE101174
签发日期(大写)：　年　月　日　　开户行名称：
收款人：　　　　　　　　签发人账号：

| 人民币（大写） | 千 | 百 | 十 | 万 | 千 | 百 | 十 | 元 | 角 | 分 |
|---|---|---|---|---|---|---|---|---|---|---|
| | | | | | | | | | | |

用途_____　　　　　　　复核
上列款项请从　　　　　　　　记账
我账户内支付　　　　　　　　验印
签发人签章

会计模拟实习

| 被背书人 | 被背书人 | 被背书人 |
|---|---|---|
|  |  |  |
| 背书： | 背书： | 背书： |
| 日期　　年　月　日 | 日期　　年　月　日 | 日期　　年　月　日 |

| 被背书人 | 被背书人 | 被背书人 |
|---|---|---|
|  |  |  |
| 背书： | 背书： | 背书： |
| 日期　　年　月　日 | 日期　　年　月　日 | 日期　　年　月　日 |

| 中国工商银行 | 中国工商银行　支票 |
|---|---|
| 支票号码：AE101175 | 支票号码：AE101175 |
| 签发日期　年　月　日 | 签发日期(大写)：　年　月　日　　开户行名称： |
| | 收款人：　　　　　　　　　　　　签发人账号： |
| 本支票付款期十天，可以流通转让。 | 人民币（大写）　　　千百十万千百十元角分 |
| 收款人： | 用途_____　　　　　　　　　　　　复核 |
| 金　额： | 上列款项请从　　　　　　　　　　　　　记账 |
| 用　途： | 我账户内支付　　　　　　　　　　　　　验印 |
| | 签发人签章 |

| 中国工商银行 | 中国工商银行　支票 |
|---|---|
| 支票号码：AE101176 | 支票号码：AE101176 |
| 签发日期　年　月　日 | 签发日期(大写)：　年　月　日　　开户行名称： |
| | 收款人：　　　　　　　　　　　　签发人账号： |
| 本支票付款期十天，可以流通转让。 | 人民币（大写）　　　千百十万千百十元角分 |
| 收款人： | 用途_____　　　　　　　　　　　　复核 |
| 金　额： | 上列款项请从　　　　　　　　　　　　　记账 |
| 用　途： | 我账户内支付　　　　　　　　　　　　　验印 |
| | 签发人签章 |

会计模拟实习

| 被背书人 | 被背书人 | 被背书人 |
|---|---|---|
|  |  |  |
| 背书: <br><br><br><br>日期　　年　月　日 | 背书: <br><br><br><br>日期　　年　月　日 | 背书: <br><br><br><br>日期　　年　月　日 |

| 被背书人 | 被背书人 | 被背书人 |
|---|---|---|
|  |  |  |
| 背书: <br><br><br><br>日期　　年　月　日 | 背书: <br><br><br><br>日期　　年　月　日 | 背书: <br><br><br><br>日期　　年　月　日 |

## 中国工商银行 支票

**支票存根（左联）**

中国工商银行
支票号码：AE101177
签发日期　年　月　日

本支票付款期十天，可以流通转让。

收款人：＿＿＿＿＿＿＿＿
金　额：＿＿＿＿＿＿＿＿
用　途：＿＿＿＿＿＿＿＿

**支票（右联）**

中国工商银行　支票　　支票号码：AE101177

签发日期(大写)：　年　月　日　　开户行名称：
收款人：　　　　　　　　　　　　签发人账号：

| 人民币（大写） | 千 | 百 | 十 | 万 | 千 | 百 | 十 | 元 | 角 | 分 |
|---|---|---|---|---|---|---|---|---|---|---|
|  |  |  |  |  |  |  |  |  |  |  |

用途＿＿＿＿＿＿　　　　　　　　复核
上列款项请从　　　　　　　　　　记账
我账户内支付　　　　　　　　　　验印
签发人签章

---

## 中国工商银行 支票

中国工商银行
支票号码：AE101178
签发日期　年　月　日

本支票付款期十天，可以流通转让。

收款人：＿＿＿＿＿＿＿＿
金　额：＿＿＿＿＿＿＿＿
用　途：＿＿＿＿＿＿＿＿

中国工商银行　支票　　支票号码：AE101178

签发日期(大写)：　年　月　日　　开户行名称：
收款人：　　　　　　　　　　　　签发人账号：

| 人民币（大写） | 千 | 百 | 十 | 万 | 千 | 百 | 十 | 元 | 角 | 分 |
|---|---|---|---|---|---|---|---|---|---|---|
|  |  |  |  |  |  |  |  |  |  |  |

用途＿＿＿＿＿＿　　　　　　　　复核
上列款项请从　　　　　　　　　　记账
我账户内支付　　　　　　　　　　验印
签发人签章

| 被背书人 | 被背书人 | 被背书人 |
|---|---|---|
|  |  |  |
| 背书：<br><br><br>日期　　年　月　日 | 背书：<br><br><br>日期　　年　月　日 | 背书：<br><br><br>日期　　年　月　日 |

| 被背书人 | 被背书人 | 被背书人 |
|---|---|---|
|  |  |  |
| 背书：<br><br><br>日期　　年　月　日 | 背书：<br><br><br>日期　　年　月　日 | 背书：<br><br><br>日期　　年　月　日 |

| 中国工商银行 | 中国工商银行 支票 支票号码：AE*101179* |
|---|---|
| 支票号码：AE*101179* | 签发日期（大写）： 年 月 日 开户行名称： |
| 签发日期 年 月 日 | 收款人： 签发人账号： |
| | 人民币（大写） 千百十万千百十元角分 |
| 收款人： | 用途_____ 复核 |
| 金　额： | 上列款项请从 记账 |
| 用　途： | 我账户内支付 验印 |
| | 签发人签章 |

本支票付款期十天，可以流通转让。

---

| 中国工商银行 | 中国工商银行 支票 支票号码：AE*101180* |
|---|---|
| 支票号码：AE*101180* | 签发日期（大写）： 年 月 日 开户行名称： |
| 签发日期 年 月 日 | 收款人： 签发人账号： |
| | 人民币（大写） 千百十万千百十元角分 |
| 收款人： | 用途_____ 复核 |
| 金　额： | 上列款项请从 记账 |
| 用　途： | 我账户内支付 验印 |
| | 签发人签章 |

本支票付款期十天，可以流通转让。

会计模拟实习

| 被背书人 | 被背书人 | 被背书人 |
|---|---|---|
| 背书： | 背书： | 背书： |
| 日期　　年　月　日 | 日期　　年　月　日 | 日期　　年　月　日 |

| 被背书人 | 被背书人 | 被背书人 |
|---|---|---|
| 背书： | 背书： | 背书： |
| 日期　　年　月　日 | 日期　　年　月　日 | 日期　　年　月　日 |

316　会计模拟实习

| 中国工商银行 | 中国工商银行　支票　支票号码：AE*101181* |
|---|---|
| 支票号码：AE*101181* | |
| 签发日期　　年　月　日 | 签发日期(大写)：　年　月　日　开户行名称： |
| | 收款人：　　　　　　　　　签发人账号： |
| | 人民币（大写）　　　　　　千百十万千百十元角分 |
| 收款人：_____ | 用途_____　　　　　　　　　复核 |
| 金　额：_____ | 上列款项请从　　　　　　　　记账 |
| 用　途：_____ | 我账户内支付　　　　　　　　验印 |
| | 签发人签章 |

本支票付款期十天，可以流通转让。

---

| 中国工商银行 | 中国工商银行　支票　支票号码：AE*101182* |
|---|---|
| 支票号码：AE*101182* | |
| 签发日期　　年　月　日 | 签发日期(大写)：　年　月　日　开户行名称： |
| | 收款人：　　　　　　　　　签发人账号： |
| | 人民币（大写）　　　　　　千百十万千百十元角分 |
| 收款人：_____ | 用途_____　　　　　　　　　复核 |
| 金　额：_____ | 上列款项请从　　　　　　　　记账 |
| 用　途：_____ | 我账户内支付　　　　　　　　验印 |
| | 签发人签章 |

本支票付款期十天，可以流通转让。

| 被背书人 | 被背书人 | 被背书人 |
|---|---|---|
|  |  |  |
| 背书： | 背书： | 背书： |
| 日期　　年　月　日 | 日期　　年　月　日 | 日期　　年　月　日 |

| 被背书人 | 被背书人 | 被背书人 |
|---|---|---|
|  |  |  |
| 背书： | 背书： | 背书： |
| 日期　　年　月　日 | 日期　　年　月　日 | 日期　　年　月　日 |

| 中国工商银行 | 中国工商银行 支票 支票号码：AE101183 |
|---|---|
| 支票号码：AE101183 签发日期　年　月　日 本支票付款期十天，可以流通转让。 收款人： 金　额： 用　途： | 签发日期(大写)：　年　月　日　开户行名称： 收款人：　　　　　　　　签发人账号： 人民币（大写）　　　　千百十万千百十元角分 用途_____　　　　　　　　　　　复核 上列款项请从　　　　　　　　　　记账 我账户内支付　　　　　　　　　　验印 签发人签章 |

| 中国工商银行 | 中国工商银行 支票 支票号码：AE101184 |
|---|---|
| 支票号码：AE101184 签发日期　年　月　日 本支票付款期十天，可以流通转让。 收款人： 金　额： 用　途： | 签发日期(大写)：　年　月　日　开户行名称： 收款人：　　　　　　　　签发人账号： 人民币（大写）　　　　千百十万千百十元角分 用途_____　　　　　　　　　　　复核 上列款项请从　　　　　　　　　　记账 我账户内支付　　　　　　　　　　验印 签发人签章 |

会计模拟实习

| 被背书人 | 被背书人 | 被背书人 |
|---|---|---|
|  |  |  |
| 背书：<br><br>日期　　年　月　日 | 背书：<br><br>日期　　年　月　日 | 背书：<br><br>日期　　年　月　日 |

| 被背书人 | 被背书人 | 被背书人 |
|---|---|---|
|  |  |  |
| 背书：<br><br>日期　　年　月　日 | 背书：<br><br>日期　　年　月　日 | 背书：<br><br>日期　　年　月　日 |

| 中国工商银行 | 中国工商银行　支票　支票号码：AE101185 |
|---|---|
| 支票号码：AE101185<br>签发日期　　年　月　日<br><br><br>收款人：<br>金　额：<br>用　途： | 签发日期(大写)：　年　月　日　　开户行名称：<br>收款人：　　　　　　　　　　签发人账号：<br><br>人民币（大写）　　　　　　千百十万千百十元角分<br><br>用途_____　　　　　　　　　　　复核<br>上列款项请从　　　　　　　　　　　记账<br>我账户内支付　　　　　　　　　　　验印<br>签发人签章 |

本支票付款期十天，可以流通转让。

| 中国工商银行 | 中国工商银行　支票　支票号码：AE101186 |
|---|---|
| 支票号码：AE101186<br>签发日期　　年　月　日<br><br><br>收款人：<br>金　额：<br>用　途： | 签发日期(大写)：　年　月　日　　开户行名称：<br>收款人：　　　　　　　　　　签发人账号：<br><br>人民币（大写）　　　　　　千百十万千百十元角分<br><br>用途_____　　　　　　　　　　　复核<br>上列款项请从　　　　　　　　　　　记账<br>我账户内支付　　　　　　　　　　　验印<br>签发人签章 |

本支票付款期十天，可以流通转让。

会计模拟实习　　321

| 被背书人 | 被背书人 | 被背书人 |
|---|---|---|
|  |  |  |
| 背书： | 背书： | 背书： |
| 日期　　年　月　日 | 日期　　年　月　日 | 日期　　年　月　日 |

| 被背书人 | 被背书人 | 被背书人 |
|---|---|---|
|  |  |  |
| 背书： | 背书： | 背书： |
| 日期　　年　月　日 | 日期　　年　月　日 | 日期　　年　月　日 |

## 中国工商银行 支票

**支票存根（AE101187）**

中国工商银行
支票号码：AE101187
签发日期　　年　月　日

本支票付款期十天，可以流通转让。

收款人：_____
金　额：_____
用　途：_____

---

**支票（AE101187）**

中国工商银行　支票　　支票号码：AE101187

签发日期(大写)：　　年　月　日　　开户行名称：
收款人：　　　　　　　　　签发人账号：

| 人民币（大写） | 千 | 百 | 十 | 万 | 千 | 百 | 十 | 元 | 角 | 分 |
|---|---|---|---|---|---|---|---|---|---|---|
| | | | | | | | | | | |

用途_____　　　　　　　　　　复核
上列款项请从　　　　　　　　　　　记账
我账户内支付　　　　　　　　　　　验印
签发人签章

---

**支票存根（AE101188）**

中国工商银行
支票号码：AE101188
签发日期　　年　月　日

本支票付款期十天，可以流通转让。

收款人：_____
金　额：_____
用　途：_____

---

**支票（AE101188）**

中国工商银行　支票　　支票号码：AE101188

签发日期(大写)：　　年　月　日　　开户行名称：
收款人：　　　　　　　　　签发人账号：

| 人民币（大写） | 千 | 百 | 十 | 万 | 千 | 百 | 十 | 元 | 角 | 分 |
|---|---|---|---|---|---|---|---|---|---|---|
| | | | | | | | | | | |

用途_____　　　　　　　　　　复核
上列款项请从　　　　　　　　　　　记账
我账户内支付　　　　　　　　　　　验印
签发人签章

| 被背书人 | 被背书人 | 被背书人 |
|---|---|---|
|  |  |  |
| 背书： | 背书： | 背书： |
| 日期　　年　月　日 | 日期　　年　月　日 | 日期　　年　月　日 |

| 被背书人 | 被背书人 | 被背书人 |
|---|---|---|
|  |  |  |
| 背书： | 背书： | 背书： |
| 日期　　年　月　日 | 日期　　年　月　日 | 日期　　年　月　日 |

| 中国工商银行 | | 中国工商银行　支票　支票号码：AE101189 |
|---|---|---|
| 支票号码：AE101189 | | 签发日期(大写):　　年　　月　　日　　开户行名称： |
| 签发日期　　年　月　日 | | 收款人：　　　　　　　　　　　　　签发人账号： |
| | | 人民币（大写）　　　　　　　千百十万千百十元角分 |
| 收款人：_____ | | 用途_____　　　　　　　　　　　　　　复核 |
| 金　额：_____ | | 上列款项请从　　　　　　　　　　　　　　记账 |
| 用　途：_____ | | 我账户内支付　　　　　　　　　　　　　　验印 |
| | | 签发人签章 |

本支票付款期十天，可以流通转让。

---

| 中国工商银行 | | 中国工商银行　支票　支票号码：AE101190 |
|---|---|---|
| 支票号码：AE101190 | | 签发日期(大写):　　年　　月　　日　　开户行名称： |
| 签发日期　　年　月　日 | | 收款人：　　　　　　　　　　　　　签发人账号： |
| | | 人民币（大写）　　　　　　　千百十万千百十元角分 |
| 收款人：_____ | | 用途_____　　　　　　　　　　　　　　复核 |
| 金　额：_____ | | 上列款项请从　　　　　　　　　　　　　　记账 |
| 用　途：_____ | | 我账户内支付　　　　　　　　　　　　　　验印 |
| | | 签发人签章 |

本支票付款期十天，可以流通转让。

会计模拟实习

| 被背书人 | 被背书人 | 被背书人 |
|---|---|---|
|  |  |  |
| 背书： | 背书： | 背书： |
| 日期　　年　月　日 | 日期　　年　月　日 | 日期　　年　月　日 |

| 被背书人 | 被背书人 | 被背书人 |
|---|---|---|
|  |  |  |
| 背书： | 背书： | 背书： |
| 日期　　年　月　日 | 日期　　年　月　日 | 日期　　年　月　日 |

## 中国工商银行 支票

**存根联**

中国工商银行
支票号码：AE101191
签发日期　　年　月　日

本支票付款期十天，可以流通转让。

收款人：＿＿＿＿＿＿＿＿＿
金　额：＿＿＿＿＿＿＿＿＿
用　途：＿＿＿＿＿＿＿＿＿

---

中国工商银行　支票　　支票号码：AE101191

签发日期(大写)：　年　　月　　日　　开户行名称：
收款人：　　　　　　　　　　　　签发人账号：

| 人民币（大写） | 千 | 百 | 十 | 万 | 千 | 百 | 十 | 元 | 角 | 分 |
|---|---|---|---|---|---|---|---|---|---|---|
|  |  |  |  |  |  |  |  |  |  |  |

用途＿＿＿＿＿＿　　　　　　　　　　　复核
上列款项请从　　　　　　　　　　　　记账
我账户内支付　　　　　　　　　　　　验印
签发人签章

---

**存根联**

中国工商银行
支票号码：AE101192
签发日期　　年　月　日

本支票付款期十天，可以流通转让。

收款人：＿＿＿＿＿＿＿＿＿
金　额：＿＿＿＿＿＿＿＿＿
用　途：＿＿＿＿＿＿＿＿＿

---

中国工商银行　支票　　支票号码：AE101192

签发日期(大写)：　年　　月　　日　　开户行名称：
收款人：　　　　　　　　　　　　签发人账号：

| 人民币（大写） | 千 | 百 | 十 | 万 | 千 | 百 | 十 | 元 | 角 | 分 |
|---|---|---|---|---|---|---|---|---|---|---|
|  |  |  |  |  |  |  |  |  |  |  |

用途＿＿＿＿＿＿　　　　　　　　　　　复核
上列款项请从　　　　　　　　　　　　记账
我账户内支付　　　　　　　　　　　　验印
签发人签章

| 被背书人 | 被背书人 | 被背书人 |
|---|---|---|
|  |  |  |
| 背书： | 背书： | 背书： |
| 日期　　年　月　日 | 日期　　年　月　日 | 日期　　年　月　日 |

| 被背书人 | 被背书人 | 被背书人 |
|---|---|---|
|  |  |  |
| 背书： | 背书： | 背书： |
| 日期　　年　月　日 | 日期　　年　月　日 | 日期　　年　月　日 |

| 中国工商银行 | 中国工商银行 支票 支票号码：AE101193 |
|---|---|
| 支票号码：AE101193 签发日期　年　月　日 本支票付款期十天，可以流通转让。 收　款　人：＿＿＿ 金　　　额：＿＿＿ 用　　　途：＿＿＿ | 签发日期(大写)：　年　月　日　开户行名称： 收款人：　　　　　　　签发人账号： 人民币（大写）　　　千百十万千百十元角分 用途＿＿＿＿　　　　　　　　　复核 上列款项请从　　　　　　　　　记账 我账户内支付　　　　　　　　　验印 签发人签章 |

| 中国工商银行 | 中国工商银行 支票 支票号码：AE101194 |
|---|---|
| 支票号码：AE101194 签发日期　年　月　日 本支票付款期十天，可以流通转让。 收　款　人：＿＿＿ 金　　　额：＿＿＿ 用　　　途：＿＿＿ | 签发日期(大写)：　年　月　日　开户行名称： 收款人：　　　　　　　签发人账号： 人民币（大写）　　　千百十万千百十元角分 用途＿＿＿＿　　　　　　　　　复核 上列款项请从　　　　　　　　　记账 我账户内支付　　　　　　　　　验印 签发人签章 |

会计模拟实习

| 被背书人 | 被背书人 | 被背书人 |
|---|---|---|
|  |  |  |
| 背书： | 背书： | 背书： |
| 日期　　年　月　日 | 日期　　年　月　日 | 日期　　年　月　日 |

| 被背书人 | 被背书人 | 被背书人 |
|---|---|---|
|  |  |  |
| 背书： | 背书： | 背书： |
| 日期　　年　月　日 | 日期　　年　月　日 | 日期　　年　月　日 |

| 中国工商银行 | | 中国工商银行　支票 | |
|---|---|---|---|
| 支票号码：AE101195 | | | 支票号码：AE101195 |

本支票付款期十天，可以流通转让。

签发日期　　年　月　日

签发日期(大写)：　年　月　日　　开户行名称：
收款人：　　　　　　　　　　　　签发人账号：

人民币（大写）　　　　千百十万千百十元角分

收款人：_____
金　额：_____
用　途：_____

用途_____　　　　　　　　　　　复核
上列款项请从　　　　　　　　　　　记账
我账户内支付　　　　　　　　　　　验印
签发人签章

---

| 中国工商银行 | | 中国工商银行　支票 | |
|---|---|---|---|
| 支票号码：AE101196 | | | 支票号码：AE101196 |

本支票付款期十天，可以流通转让。

签发日期　　年　月　日

签发日期(大写)：　年　月　日　　开户行名称：
收款人：　　　　　　　　　　　　签发人账号：

人民币（大写）　　　　千百十万千百十元角分

收款人：_____
金　额：_____
用　途：_____

用途_____　　　　　　　　　　　复核
上列款项请从　　　　　　　　　　　记账
我账户内支付　　　　　　　　　　　验印
签发人签章

会计模拟实习

| 被背书人 | 被背书人 | 被背书人 |
|---|---|---|
|  |  |  |
| 背书： | 背书： | 背书： |
| 日期　　年　月　日 | 日期　　年　月　日 | 日期　　年　月　日 |

| 被背书人 | 被背书人 | 被背书人 |
|---|---|---|
|  |  |  |
| 背书： | 背书： | 背书： |
| 日期　　年　月　日 | 日期　　年　月　日 | 日期　　年　月　日 |

| 中国工商银行 | 中国工商银行 支票 支票号码：AE101197 |
|---|---|
| 支票号码：AE101197<br>签发日期　年　月　日<br><br><br>收款人：_____<br>金　额：_____<br>用　途：_____ | 签发日期(大写)：　年　月　日　开户行名称：<br>收款人：　　　　　　　签发人账号：<br><br>人民币（大写）　　　　　千百十万千百十元角分<br><br>用途_____　　　　　　　　　　复核<br>上列款项请从　　　　　　　　　　记账<br>我账户内支付　　　　　　　　　　验印<br>签发人签章 |

本支票付款期十天，可以流通转让。

| 中国工商银行 | 中国工商银行 支票 支票号码：AE101198 |
|---|---|
| 支票号码：AE101198<br>签发日期　年　月　日<br><br><br>收款人：_____<br>金　额：_____<br>用　途：_____ | 签发日期(大写)：　年　月　日　开户行名称：<br>收款人：　　　　　　　签发人账号：<br><br>人民币（大写）　　　　　千百十万千百十元角分<br><br>用途_____　　　　　　　　　　复核<br>上列款项请从　　　　　　　　　　记账<br>我账户内支付　　　　　　　　　　验印<br>签发人签章 |

本支票付款期十天，可以流通转让。

会计模拟实习

| 被背书人 | 被背书人 | 被背书人 |
|---|---|---|
|  |  |  |
| 背书： | 背书： | 背书： |
| 日期　　年　月　日 | 日期　　年　月　日 | 日期　　年　月　日 |

| 被背书人 | 被背书人 | 被背书人 |
|---|---|---|
|  |  |  |
| 背书： | 背书： | 背书： |
| 日期　　年　月　日 | 日期　　年　月　日 | 日期　　年　月　日 |

| 中国工商银行 | 中国工商银行　支票　支票号码：AE101199 |
| --- | --- |
| 支票号码：AE101199 | 签发日期(大写)：　年　月　日　开户行名称： |
| 签发日期　年　月　日 | 收款人：　　　　　　签发人账号： |
| | 人民币（大写）　千百十万千百十元角分 |
| 收款人： | 用途＿＿＿＿　　　　　　　　　　复核 |
| 金　额： | 上列款项请从　　　　　　　　　　记账 |
| 用　途： | 我账户内支付　　　　　　　　　　验印 |
| | 签发人签章 |

本支票付款期十天，可以流通转让。

| 中国工商银行 | 中国工商银行　支票　支票号码：AE101220 |
| --- | --- |
| 支票号码：AE101220 | 签发日期(大写)：　年　月　日　开户行名称： |
| 签发日期　年　月　日 | 收款人：　　　　　　签发人账号： |
| | 人民币（大写）　千百十万千百十元角分 |
| 收款人： | 用途＿＿＿＿　　　　　　　　　　复核 |
| 金　额： | 上列款项请从　　　　　　　　　　记账 |
| 用　途： | 我账户内支付　　　　　　　　　　验印 |
| | 签发人签章 |

本支票付款期十天，可以流通转让。

| 被背书人 | 被背书人 | 被背书人 |
|---|---|---|
|  |  |  |
| 背书： | 背书： | 背书： |
| 日期　　年　月　日 | 日期　　年　月　日 | 日期　　年　月　日 |

| 被背书人 | 被背书人 | 被背书人 |
|---|---|---|
|  |  |  |
| 背书： | 背书： | 背书： |
| 日期　　年　月　日 | 日期　　年　月　日 | 日期　　年　月　日 |

## 2. 借款凭证 2 张

### （贷款）借款凭证（申请书代收据） ①

单位编号：　　　　日期：　　年　月　日　　银行编号：

| 收款单位 | 名　称 | | 借款单位 | 名　称 | | 同　左 |
|---|---|---|---|---|---|---|
| | 往来户账号 | | | 放款户账号 | | |
| | 开户银行 | | | 开户银行 | | |

| 借款期限（最后还款日） | | 借款计划指标 | |
|---|---|---|---|
| 借款申请金额 | 人民币（大写）： | | 千百十万千百十元角分 |
| 借款原因及用途 | | 银行核定金额： | 千百十万千百十元角分 |

| 期限 | 计划还款日期 | √ | 计划还款金额 | 银行审批 |
|---|---|---|---|---|
| 1 | | | | |
| 2 | | | | |
| 3 | | | | |
| 4 | | | | 负责人　　信贷部门主管　　信贷员 |

此联由银行代放款账户付出凭证

兹根据你行贷款办法规定，申请办理上述借款，请核定贷给。此致
中国人民银行
（借款单位预留往来户印鉴）

会计分录：
（付出）_____户
对方科目：（收入）_____
会计　　　复核　　　记账

---

### （贷款）借款凭证（申请书代收据） ①

单位编号：　　　　日期：　　年　月　日　　银行编号：

| 收款单位 | 名　称 | | 借款单位 | 名　称 | | 同　左 |
|---|---|---|---|---|---|---|
| | 往来户账号 | | | 放款户账号 | | |
| | 开户银行 | | | 开户银行 | | |

| 借款期限（最后还款日） | | 借款计划指标 | |
|---|---|---|---|
| 借款申请金额 | 人民币（大写）： | | 千百十万千百十元角分 |
| 借款原因及用途 | | 银行核定金额： | 千百十万千百十元角分 |

| 期限 | 计划还款日期 | √ | 计划还款金额 | 银行审批 |
|---|---|---|---|---|
| 1 | | | | |
| 2 | | | | |
| 3 | | | | |
| 4 | | | | 负责人　　信贷部门主管　　信贷员 |

此联由银行代放款账户付出凭证

兹根据你行贷款办法规定，申请办理上述借款，请核定贷给。此致
中国人民银行
（借款单位预留往来户印鉴）

会计分录：
（付出）_____户
对方科目：（收入）_____
会计　　　复核　　　记账

会计模拟实习

### 3. 贴现凭证 2 张

## 贴 现 凭 证（收账通知）

| | | | 填写日期 | 年 月 日 | | | 第 号 | | | | | | | | |
|---|---|---|---|---|---|---|---|---|---|---|---|---|---|---|---|
| 申请单位 | 全 称 | | | | 贴现汇票 | 种 类 | | | 号 码 | | | | | | |
| | 账 号 | | | | | 发票日 | | | | 年 | | 月 | | 日 | |
| | 开户银行 | | | | | 到期日 | | | | 年 | | 月 | | 日 | |
| 汇票承兑单位（或银行） | | | | | 账 号 | | | 开户银行 | | | | | | | |
| 汇票金额（即贴现金额） | | 人民币（大写） | | | | | | | 千 百 十 万 千 百 十 元 角 分 | | | | | | |
| 贴现率 | | ‰ | 贴现利息 | 十 万 千 百 十 元 角 分 | | | | 实付贴现金额 | 千 百 十 万 千 百 十 元 角 分 | | | | | | |
| 上述款项已转入你单位账户。<br><br>　　　此致<br><br>　　　　　银行盖章<br><br>　　年　　月　　日 | | | | | | 银行审批 | | | | | | | | | |

此联银行给贴现申请单位存款户的收账通知

## 贴 现 凭 证（收账通知）

| | | | 填写日期 | 年 月 日 | | | 第 号 | | | | | | | | |
|---|---|---|---|---|---|---|---|---|---|---|---|---|---|---|---|
| 申请单位 | 全 称 | | | | 贴现汇票 | 种 类 | | | 号 码 | | | | | | |
| | 账 号 | | | | | 发票日 | | | | 年 | | 月 | | 日 | |
| | 开户银行 | | | | | 到期日 | | | | 年 | | 月 | | 日 | |
| 汇票承兑单位（或银行） | | | | | 账 号 | | | 开户银行 | | | | | | | |
| 汇票金额（即贴现金额） | | 人民币（大写） | | | | | | | 千 百 十 万 千 百 十 元 角 分 | | | | | | |
| 贴现率 | | ‰ | 贴现利息 | 十 万 千 百 十 元 角 分 | | | | 实付贴现金额 | 千 百 十 万 千 百 十 元 角 分 | | | | | | |
| 上述款项已转入你单位账户。<br><br>　　　此致<br><br>　　　　　银行盖章<br><br>　　年　　月　　日 | | | | | | 银行审批 | | | | | | | | | |

此联银行给贴现申请单位存款户的收账通知

会计模拟实习

### 4. 信汇凭证 3 张

**中国工商银行信汇凭证（支款凭证） 2**

| 汇款单位编号： | | 委托日期 年 月 日 | 第 号 |

| 收款单位 | 全 称 | | 汇款单位 | 全 称 | |
|---|---|---|---|---|---|
| | 账 号或住址 | | | 账 号或住址 | |
| | 汇 入地 点 | 省　　市　　汇入行县　　　名 称 | | 汇 出地 点 | 省　　市　　汇出行县　　　名 称 |
| 金额 | 人民币：（大写） | | 千百十万千百十元角分 | | |

汇款用途：

上列款项请在本单位账户内支付，并按照汇兑结算方式规定拨给收款单位。

科目(付)………………
对方科目(收)………………
汇出行汇出日期　年　月　日

（汇款单位盖章）　　　复核员　　　记账员

此联是汇款单位委托开户银行办理信汇的支款凭证

---

**中国工商银行信汇凭证（支款凭证） 2**

| 汇款单位编号： | | 委托日期 年 月 日 | 第 号 |

| 收款单位 | 全 称 | | 汇款单位 | 全 称 | |
|---|---|---|---|---|---|
| | 账 号或住址 | | | 账 号或住址 | |
| | 汇 入地 点 | 省　　市　　汇入行县　　　名 称 | | 汇 出地 点 | 省　　市　　汇出行县　　　名 称 |
| 金额 | 人民币：（大写） | | 千百十万千百十元角分 | | |

汇款用途：

上列款项请在本单位账户内支付，并按照汇兑结算方式规定拨给收款单位。

科目(付)………………
对方科目(收)………………
汇出行汇出日期　年　月　日

（汇款单位盖章）　　　复核员　　　记账员

此联是汇款单位委托开户银行办理信汇的支款凭证

## 中国工商银行信汇凭证(支款凭证) 2

汇款单位编号：　　　委托日期　年　月　日　　　　　第　号

| 收款单位 | 全称 | | | | | 汇款单位 | 全称 | | | | |
|---|---|---|---|---|---|---|---|---|---|---|---|
| | 账号或住址 | | | | | | 账号或住址 | | | | |
| | 汇入地点 | 省 | 市县 | 汇入行名称 | | | 汇出地点 | 省 | 市县 | 汇出行名称 | |

金额　人民币：(大写)　　　　　　　千 百 十 万 千 百 十 元 角 分

汇款用途：

上列款项请在本单位账户内支付，并按照汇兑结算方式规定拨给收款单位。

科目(付) _____

对方科目(收) _____

汇出行汇出日期　年　月　日

复核员　　　记账员

(汇款单位盖章)

此联是汇款单位委托开户银行办理信汇的支款凭证

---

### 5. 进账单(格式一) 18 张

## 中国工商银行上海市(　　)进账单(回单) ①

科目：　　　　　　　年　月　日　　对方科目：

| 收款单位 | 全称 | | 款项来源 | |
|---|---|---|---|---|
| | 账号 | | 款项种类 | 票据(分页填写) |

人民币(大写)：　　　　　　　千 百 十 万 千 百 十 元 角 分

| 托收票据目录第1页共 页 | | | 款项性质 | 金额 |
|---|---|---|---|---|
| 付款行交换号码 | 付款单位账号 | 凭证号码 | | 十万千百十元角分 |
| | | | | |
| | | | | |
| | | | | |

(收款银行盖章)

此联由银行盖章后退回单位

注：(1) 解入票据须俟收妥后方可用款
(2) 本联于款项收妥后代收账通知

## 中国工商银行上海市（　　）进账单(回　单)　①

科目：　　　　　　　　　　年　月　日　　对方科目：

| 收款单位 | 全　称 | | | 款项来源 | | |
|---|---|---|---|---|---|---|
| | 账　号 | | | 款项种类 | 票据(分页填写) | |

人民币（大写）：

| 千 | 百 | 十 | 万 | 千 | 百 | 十 | 元 | 角 | 分 |
|---|---|---|---|---|---|---|---|---|---|
| | | | | | | | | | |

| 托收票据目录第1页共　页 | | | 款项性质 | 金　额 | | | | | | | |
|---|---|---|---|---|---|---|---|---|---|---|---|
| 付款行交换号码 | 付款单位账号 | 凭证号码 | | 十万 | 千 | 百 | 十 | 元 | 角 | 分 | |
| | | | | | | | | | | | |
| | | | | | | | | | | | |
| | | | | | | | | | | | |

(收款银行盖章)

此联由银行盖章后退回单位

注意：（1）解入票据须俟收妥后方可用款　（2）本联于款项收妥后代收账通知

---

## 中国工商银行上海市（　　）进账单(回　单)　①

科目：　　　　　　　　　　年　月　日　　对方科目：

| 收款单位 | 全　称 | | | 款项来源 | | |
|---|---|---|---|---|---|---|
| | 账　号 | | | 款项种类 | 票据(分页填写) | |

人民币（大写）：

| 千 | 百 | 十 | 万 | 千 | 百 | 十 | 元 | 角 | 分 |
|---|---|---|---|---|---|---|---|---|---|
| | | | | | | | | | |

| 托收票据目录第1页共　页 | | | 款项性质 | 金　额 | | | | | | | |
|---|---|---|---|---|---|---|---|---|---|---|---|
| 付款行交换号码 | 付款单位账号 | 凭证号码 | | 十万 | 千 | 百 | 十 | 元 | 角 | 分 | |
| | | | | | | | | | | | |
| | | | | | | | | | | | |
| | | | | | | | | | | | |

(收款银行盖章)

此联由银行盖章后退回单位

注意：（1）解入票据须俟收妥后方可用款　（2）本联于款项收妥后代收账通知

会计模拟实习

## 中国工商银行上海市（　　）进账单(回　单)　①

科目：　　　　　　　　年　月　日　　对方科目：

| 收款单位 | 全　称 | | 款项来源 | |
| --- | --- | --- | --- | --- |
| | 账　号 | | 款项种类 | 票据(分页填写) |

人民币（大写）：

金额：千百十万千百十元角分

| 托收票据目录第1页共　页 | | | 款项性质 | 金　额 |
| --- | --- | --- | --- | --- |
| 付款行交换号码 | 付款单位账号 | 凭证号码 | | 十万千百十元角分 |
| | | | | |
| | | | | |
| | | | | |
| | | | | |

（收款银行盖章）

此联由银行盖章后退回单位

注意：(1) 解入票据须俟收妥后方可用款
(2) 本联于款项收妥后代收账通知

---

## 中国工商银行上海市（　　）进账单(回　单)　①

科目：　　　　　　　　年　月　日　　对方科目：

| 收款单位 | 全　称 | | 款项来源 | |
| --- | --- | --- | --- | --- |
| | 账　号 | | 款项种类 | 票据(分页填写) |

人民币（大写）：

金额：千百十万千百十元角分

| 托收票据目录第1页共　页 | | | 款项性质 | 金　额 |
| --- | --- | --- | --- | --- |
| 付款行交换号码 | 付款单位账号 | 凭证号码 | | 十万千百十元角分 |
| | | | | |
| | | | | |
| | | | | |
| | | | | |

（收款银行盖章）

此联由银行盖章后退回单位

注意：(1) 解入票据须俟收妥后方可用款
(2) 本联于款项收妥后代收账通知

会计模拟实习

## 中国工商银行上海市（　　）进账单(回　单)　①

| 科目： | | | 年　月　日 | 对方科目： |

| 收款单位 | 全　称 | | 款项来源 | |
| --- | --- | --- | --- | --- |
| | 账　号 | | 款项种类 | 票据(分页填写) |

人民币
(大写)：

| | | | | 千 | 百 | 十 | 万 | 千 | 百 | 十 | 元 | 角 | 分 |

| 托收票据目录第1页共　页 | | | 款项性质 | 金　额 | | | | | | |
| --- | --- | --- | --- | --- | --- | --- | --- | --- | --- | --- |
| 付款行交换号码 | 付款单位账号 | 凭证号码 | | 十万 | 千 | 百 | 十 | 元 | 角 | 分 |
| | | | | | | | | | | |
| | | | | | | | | | | |
| | | | | | | | | | | |

(收款银行盖章)

此联由银行盖章后退回单位

注意：(1) 解入票据须俟收妥后方可用款　(2) 本联于款项收妥后代收账通知

---

## 中国工商银行上海市（　　）进账单(回　单)　①

| 科目： | | | 年　月　日 | 对方科目： |

| 收款单位 | 全　称 | | 款项来源 | |
| --- | --- | --- | --- | --- |
| | 账　号 | | 款项种类 | 票据(分页填写) |

人民币
(大写)：

| | | | | 千 | 百 | 十 | 万 | 千 | 百 | 十 | 元 | 角 | 分 |

| 托收票据目录第1页共　页 | | | 款项性质 | 金　额 | | | | | | |
| --- | --- | --- | --- | --- | --- | --- | --- | --- | --- | --- |
| 付款行交换号码 | 付款单位账号 | 凭证号码 | | 十万 | 千 | 百 | 十 | 元 | 角 | 分 |
| | | | | | | | | | | |
| | | | | | | | | | | |
| | | | | | | | | | | |

(收款银行盖章)

此联由银行盖章后退回单位

注意：(1) 解入票据须俟收妥后方可用款　(2) 本联于款项收妥后代收账通知

会计模拟实习

## 中国工商银行上海市（　　）进账单（回　单）　①

| 科目： | | | | 年　月　日 | | 对方科目： | |
|---|---|---|---|---|---|---|---|

| 收款单位 | 全　称 | | 款项来源 | |
|---|---|---|---|---|
| | 账　号 | | 款项种类 | 票据（分页填写） |

人民币（大写）：　　　　　　　　　千 百 十 万 千 百 十 元 角 分

| 托收票据目录第1页共　页 | | | 款项性质 | 金　　额 |
|---|---|---|---|---|
| 付款行交换号码 | 付款单位账号 | 凭证号码 | | 十万千百十元角分 |
| | | | | |
| | | | | |
| | | | | |
| | | | | |

（收款银行盖章）

此联由银行盖章后退回单位

注意：（1）解入票据须俟收妥后方可用款　（2）本联于款项收妥后代收账通知

---

## 中国工商银行上海市（　　）进账单（回　单）　①

| 科目： | | | | 年　月　日 | | 对方科目： | |
|---|---|---|---|---|---|---|---|

| 收款单位 | 全　称 | | 款项来源 | |
|---|---|---|---|---|
| | 账　号 | | 款项种类 | 票据（分页填写） |

人民币（大写）：　　　　　　　　　千 百 十 万 千 百 十 元 角 分

| 托收票据目录第1页共　页 | | | 款项性质 | 金　　额 |
|---|---|---|---|---|
| 付款行交换号码 | 付款单位账号 | 凭证号码 | | 十万千百十元角分 |
| | | | | |
| | | | | |
| | | | | |
| | | | | |

（收款银行盖章）

此联由银行盖章后退回单位

注意：（1）解入票据须俟收妥后方可用款　（2）本联于款项收妥后代收账通知

会计模拟实习

## 中国工商银行上海市（　　）进账单（回　单）　①

科目：　　　　　　　　　　年　　月　　日　　对方科目：

| 收款单位 | 全　称 | | 款项来源 | |
|---|---|---|---|---|
| | 账　号 | | 款项种类 | 票据（分页填写） |

人民币（大写）：

| 千 | 百 | 十 | 万 | 千 | 百 | 十 | 元 | 角 | 分 |
|---|---|---|---|---|---|---|---|---|---|
| | | | | | | | | | |

托收票据目录第1页共　页

| 付款行交换号码 | 付款单位账号 | 凭证号码 | 款项性质 | 金额 |
|---|---|---|---|---|
| | | | | 十万千百十元角分 |
| | | | | |
| | | | | |
| | | | | |
| | | | | |

（收款银行盖章）

此联由银行盖章后退回单位

注：（1）解入票据须俟收妥后方可用款
（2）本联于款项收妥后代收账通知

---

## 中国工商银行上海市（　　）进账单（回　单）　①

科目：　　　　　　　　　　年　　月　　日　　对方科目：

| 收款单位 | 全　称 | | 款项来源 | |
|---|---|---|---|---|
| | 账　号 | | 款项种类 | 票据（分页填写） |

人民币（大写）：

| 千 | 百 | 十 | 万 | 千 | 百 | 十 | 元 | 角 | 分 |
|---|---|---|---|---|---|---|---|---|---|
| | | | | | | | | | |

托收票据目录第1页共　页

| 付款行交换号码 | 付款单位账号 | 凭证号码 | 款项性质 | 金额 |
|---|---|---|---|---|
| | | | | 十万千百十元角分 |
| | | | | |
| | | | | |
| | | | | |
| | | | | |

（收款银行盖章）

此联由银行盖章后退回单位

注：（1）解入票据须俟收妥后方可用款
（2）本联于款项收妥后代收账通知

会计模拟实习

## 中国工商银行上海市（　　）进账单(回　单)　①

科目：　　　　　　　　　年　月　日　　对方科目：

| 收款单位 | 全称 | | 款项来源 | |
|---|---|---|---|---|
| | 账号 | | 款项种类 | 票据(分页填写) |

| 千 | 百 | 十 | 万 | 千 | 百 | 十 | 元 | 角 | 分 |
|---|---|---|---|---|---|---|---|---|---|
| | | | | | | | | | |

人民币（大写）：

托收票据目录第1页共　页

| 付款行交换号码 | 付款单位账号 | 凭证号码 | 款项性质 | 金额 |
|---|---|---|---|---|
| | | | | 十万千百十元角分 |
| | | | | |
| | | | | |
| | | | | |
| | | | | |

(收款银行盖章)

此联由银行盖章后退回单位

注意：(1) 解入票据须俟收妥后方可用款
(2) 本联于款项收妥后代收账通知

---

## 中国工商银行上海市（　　）进账单(回　单)　①

科目：　　　　　　　　　年　月　日　　对方科目：

| 收款单位 | 全称 | | 款项来源 | |
|---|---|---|---|---|
| | 账号 | | 款项种类 | 票据(分页填写) |

| 千 | 百 | 十 | 万 | 千 | 百 | 十 | 元 | 角 | 分 |
|---|---|---|---|---|---|---|---|---|---|
| | | | | | | | | | |

人民币（大写）：

托收票据目录第1页共　页

| 付款行交换号码 | 付款单位账号 | 凭证号码 | 款项性质 | 金额 |
|---|---|---|---|---|
| | | | | 十万千百十元角分 |
| | | | | |
| | | | | |
| | | | | |
| | | | | |

(收款银行盖章)

此联由银行盖章后退回单位

注意：(1) 解入票据须俟收妥后方可用款
(2) 本联于款项收妥后代收账通知

会计模拟实习

## 中国工商银行上海市（　　）进账单(回　单)　①

科目：　　　　　　　　　　年　月　日　　对方科目：

| 收款单位 | 全称 | | 款项来源 | |
|---|---|---|---|---|
| | 账号 | | 款项种类 | 票据(分页填写) |

人民币(大写)：

金额：千百十万千百十元角分

| 托收票据目录第1页共　页 | | | 款项性质 | 金额 十万千百十元角分 |
|---|---|---|---|---|
| 付款行交换号码 | 付款单位账号 | 凭证号码 | | |
| | | | | |
| | | | | |
| | | | | |

（收款银行盖章）

此联由银行盖章后退回单位

注：(1) 解入票据须俟收妥后方可用款
(2) 本联于款项收妥后代收账通知

---

## 中国工商银行上海市（　　）进账单(回　单)　①

科目：　　　　　　　　　　年　月　日　　对方科目：

| 收款单位 | 全称 | | 款项来源 | |
|---|---|---|---|---|
| | 账号 | | 款项种类 | 票据(分页填写) |

人民币(大写)：

金额：千百十万千百十元角分

| 托收票据目录第1页共　页 | | | 款项性质 | 金额 十万千百十元角分 |
|---|---|---|---|---|
| 付款行交换号码 | 付款单位账号 | 凭证号码 | | |
| | | | | |
| | | | | |
| | | | | |

（收款银行盖章）

此联由银行盖章后退回单位

注：(1) 解入票据须俟收妥后方可用款
(2) 本联于款项收妥后代收账通知

会计模拟实习　357

## 中国工商银行上海市（　　）进账单(回　单)　①

科目：　　　　　　　　　年　月　日　　对方科目：

| 收款单位 | 全称 | | 款项来源 | | | |
|---|---|---|---|---|---|---|
| | 账号 | | 款项种类 | 票据(分页填写) | | |

人民币（大写）：　　　　　　　　　　　　　千百十万千百十元角分

托收票据目录第1页共　页

| 付款行交换号码 | 付款单位账号 | 凭证号码 | 款项性质 | 金　额 十万千百十元角分 |
|---|---|---|---|---|
| | | | | |
| | | | | |
| | | | | |

（收款银行盖章）

此联由银行盖章后退回单位

注意：（1）解入票据须俟收妥后方可用款　（2）本联于款项收妥后代收账通知

---

## 中国工商银行上海市（　　）进账单(回　单)　①

科目：　　　　　　　　　年　月　日　　对方科目：

| 收款单位 | 全称 | | 款项来源 | | | |
|---|---|---|---|---|---|---|
| | 账号 | | 款项种类 | 票据(分页填写) | | |

人民币（大写）：　　　　　　　　　　　　　千百十万千百十元角分

托收票据目录第1页共　页

| 付款行交换号码 | 付款单位账号 | 凭证号码 | 款项性质 | 金　额 十万千百十元角分 |
|---|---|---|---|---|
| | | | | |
| | | | | |
| | | | | |

（收款银行盖章）

此联由银行盖章后退回单位

注意：（1）解入票据须俟收妥后方可用款　（2）本联于款项收妥后代收账通知

会计模拟实习

## 中国工商银行上海市（　　）进账单(回　单)　①

科目：　　　　　　　　　　年　　月　　日　　对方科目：

| 收款单位 | 全　称 | |
|---|---|---|
| | 账　号 | |

| 款项来源 | |
|---|---|
| 款项种类 | 票据(分页填写) |

人民币
(大写)：

| 千 | 百 | 十 | 万 | 千 | 百 | 十 | 元 | 角 | 分 |
|---|---|---|---|---|---|---|---|---|---|
| | | | | | | | | | |

| 托收票据目录第1页共　页 ||| 款项性质 | 金　　额 ||||||||| |
|---|---|---|---|---|---|---|---|---|---|---|---|---|
| 付款行交换号码 | 付款单位账号 | 凭证号码 | | 十 | 万 | 千 | 百 | 十 | 元 | 角 | 分 |
| | | | | | | | | | | | |
| | | | | | | | | | | | |
| | | | | | | | | | | | |
| | | | | | | | | | | | |

(收款银行盖章)

此联由银行盖章后退回单位

注意：(1) 解入票据须俟收妥后方可用款
(2) 本联于款项收妥后代收账通知

---

### 6. 汇票委托书 2 张

## 中国工商银行汇票委托书(存　根)　1　第　号

委托日期　　　　年　　月　　日

| 收款人 | |
|---|---|
| 账　号或住址 | |
| 兑付地点 | 省　市　县　　兑付行 |
| 汇款金额 | 人民币(大写) |
| 备　注 | |

| 汇款人 | |
|---|---|
| 账　号或住址 | |
| 汇款用途 | |

| 千 | 百 | 十 | 万 | 千 | 百 | 十 | 元 | 角 | 分 |
|---|---|---|---|---|---|---|---|---|---|
| | | | | | | | | | |

科　目
对方科目

财务主管　　　　复核　　　　经办

此联由汇款人留存作记账传票

会计模拟实习　361

## 中国工商银行汇票委托书(存根) 1  第　号

| 委托日期　年　月　日 | | | | |
|---|---|---|---|---|
| 收款人 | | 汇款人 | | |
| 账号或住址 | | 账号或住址 | | |
| 兑付地点 | 省　市县　兑付行 | 汇款用途 | | |
| 汇款金额 | 人民币（大写） | | 千百十万千百十元角分 | |
| 备注 | | 科目 | | |
| | | 对方科目 | | |
| | | 财务主管　　复核　　经办 | | |

此联由汇款人留存作记账传票

---

### 7. 商业承兑汇票 2 张

## 商业承兑汇票 2  XI 0630351

签发日期　年　月　日　第　号

| 收款人 | 全称 | | 付款人 | 全称 | |
|---|---|---|---|---|---|
| | 账号 | | | 账号 | |
| | 开户银行 | 行号 | | 开户银行 | 行号 |
| 汇票金额 | 人民币（大写） | | | 千百十万千百十元角分 | |
| 汇票到期日 | 年　月　日 | | 交易合同号码 | | |

本汇票已经本单位承兑，到期日无条件支付票款。
　　此致
　　收款人

　　　　　　　　　付款人盖章　　　　　　　汇款签发人盖章
负责　　　　　　　年　月　日　　　　　　负责　　　经办

此联收款人开户行随结算凭证寄付款人开户行作付出传票附件

会计模拟实习　363

# 商业承兑汇票　2　XI 0630351

签发日期　　年　　月　　日 第　　号

| | | | | | | | | |
|---|---|---|---|---|---|---|---|---|
| 收款人 | 全　称 | | | 付款人 | 全　称 | | | |
| | 账　号 | | | | 账　号 | | | |
| | 开户银行 | | 行号 | | 开户银行 | | 行号 | |

| 汇票金额 | 人民币（大写） | 千 | 百 | 十 | 万 | 千 | 百 | 十 | 元 | 角 | 分 |
|---|---|---|---|---|---|---|---|---|---|---|---|
| | | | | | | | | | | | |

| 汇票到期日 | 年　　月　　日 | 交易合同号码 | |
|---|---|---|---|

| | |
|---|---|
| 本汇票已经本单位承兑，到期日无条件支付票款。<br>此致<br>收款人<br>付款人盖章<br>负责　　年　　月　　日 | 汇款签发人盖章<br>负责　　经办 |

此联收款人开户银行随结算凭证寄付款人开户行作付出传票附件

**8. 进账单**（格式二）**1 张**

# 银行 进账单（受理回单）　92-2790342

签发日期　　年　　月　　日

| | | | | | |
|---|---|---|---|---|---|
| 收款人 | 全　称 | | 付款人 | 全　称 | |
| | 账　号 | | | 账　号 | |
| | 开户银行 | | | 开户银行 | |

| 人民币（大写） | 千 | 百 | 十 | 万 | 千 | 百 | 十 | 元 | 角 | 分 |
|---|---|---|---|---|---|---|---|---|---|---|
| | | | | | | | | | | |

| | |
|---|---|
| 单位主管　　会计　　复核　　记账 | 付款人开户行盖章 |

**9. 银行本票 2 张**

## 中国工商银行
### 本票 1

本票号码 XI 第 号

| 付款期 壹个月 | |
|---|---|

签发日期（大写） 贰零 年 月 日

| 收款人 | |
|---|---|
| 凭票即付 人民币（大写） | |
| 转账　现金 | |

此联签发行结清本票时作付出传票

科目(付)＿＿＿＿＿＿＿＿＿＿＿＿
对方科目(付)＿＿＿＿＿＿＿＿＿＿
兑付日期　　　年　月　日
出纳　　　复核　　　经办

---

## 中国工商银行
### 本票 1

本票号码 XI 第 号

| 付款期 壹个月 | |
|---|---|

签发日期（大写） 贰零 年 月 日

| 收款人 | |
|---|---|
| 凭票即付 人民币（大写） | |
| 转账　现金 | |

此联签发行结清本票时作付出传票

科目(付)＿＿＿＿＿＿＿＿＿＿＿＿
对方科目(付)＿＿＿＿＿＿＿＿＿＿
兑付日期　　　年　月　日
出纳　　　复核　　　经办

**10. 银行汇票**(二联,有背书)各3张

### 中国工商银行
### 银行汇票(解讫通知)  第 3 号  IX I

| 付款期 壹个月 | |
|---|---|

签发日期 贰零　　年　　月　　日　（大写）
兑付地点：　　　兑付行：　　　行号：

收款人：　　　　账号或地址：

汇款金额 人民币（大写）

实际结算金额 人民币（大写）　　千百十万千百十元角分

汇款人：＿＿＿＿　账号或地址：＿＿＿＿

签发行：＿＿＿＿　行号：＿＿＿＿

汇款用途：＿＿＿＿

兑付行盖章

复核　　　经办

多余金额　百十万千百十元角分

科目(收)＿＿＿＿
对方科目(付)＿＿＿＿
转账日期　　年　　月　　日
复核　　　记账

此联兑付行兑付后随报单寄签发行，由签发行作多余款收入传票。

---

### 中国工商银行
### 银行汇票(解讫通知)  第 3 号  IX I

| 付款期 壹个月 | |
|---|---|

签发日期 贰零　　年　　月　　日　（大写）
兑付地点：　　　兑付行：　　　行号：

收款人：　　　　账号或地址：

汇款金额 人民币（大写）

实际结算金额 人民币（大写）　　千百十万千百十元角分

汇款人：＿＿＿＿　账号或地址：＿＿＿＿

签发行：＿＿＿＿　行号：＿＿＿＿

汇款用途：＿＿＿＿

兑付行盖章

复核　　　经办

多余金额　百十万千百十元角分

科目(收)＿＿＿＿
对方科目(付)＿＿＿＿
转账日期　　年　　月　　日
复核　　　记账

此联兑付行兑付后随报单寄签发行，由签发行作多余款收入传票。

## 中国工商银行 银行汇票（解讫通知）

| 付款期 壹个月 | | 3 IXI 第 号 |
|---|---|---|

签发日期 贰零（大写） 年 月 日　兑付地点：　兑付行：　行号：

收款人：　　账号或地址：

汇款金额 人民币（大写）

实际结算金额 人民币（大写）　千 百 十 万 千 百 十 元 角 分

汇款人：　　账号或地址：

签发行：　行号：

汇款用途：

兑付行盖章

复核　　经办

多余金额　百 十 万 千 百 十 元 角 分

科目（收）
对方科目（付）
转账日期　年　月　日
复核　　记账

*此联兑付行兑付后随报单寄签发行，由签发行作多余款收入传票。*

---

## 中国工商银行 银行汇票

| 付款期 壹个月 | | SSH 2 IXI 第 号 |
|---|---|---|

签发日期 贰零（大写） 年 月 日　兑付地点：　兑付行：　行号：

收款人：　　账号或地址：

汇款金额 人民币（大写）

实际结算金额 人民币（大写）　千 百 十 万 千 百 十 元 角 分

汇款人：　　账号或地址：

签发行：　行号：

汇款用途：

签发行盖章

多余金额　百 十 万 千 百 十 元 角 分

科目（付）
对方科目（收）
兑付日期　年　月　日
复核　　记账

*本汇票和解讫通知一并由汇款人自带，兑付行兑付汇票后此联作联行往账付出传票。*

会计模拟实习

## 注 意 事 项

一、银行汇票和汇款解讫通知须同时提交兑付行,两者缺一无效。
二、收款人直接进账的,应在收款人盖章处加盖预留银行印章。收款人为个人的,应交验身份证件。
三、收款人如系个人,可以经背书转让给在银行开户的单位和个人,在背书人栏签章并填明被背书人名称;被背书人盖章后持往开户行办理结算。

收款人盖章:

| 被背书人 | 被背书人 |
| --- | --- |
| 背　　书 | |
| 日期　　年　月　日 | |

身份证件名称、号码
及发证机关

## 中国工商银行 银行汇票

| 付款期 壹个月 | 中国工商银行 银行汇票 | SSH 2 第 号 | IXI |

签发日期 贰零　　年　月　日（大写）　　兑付地点：　　兑付行：　　行号：

收款人：　　账号或地址：

汇款金额 人民币（大写）

实际结算金额 人民币（大写）　　千 百 十 万 千 百 十 元 角 分

汇款人：＿＿＿＿　　账号或地址：＿＿＿＿

签发行：＿＿＿＿　行号：＿＿＿＿

汇款用途：＿＿＿＿

签发行盖章

多余金额　百 十 万 千 百 十 元 角 分

科目(付)＿＿＿＿
对方科目(收)＿＿＿＿
兑付日期　　年　　月　　日
复核　　记账

（竖排）本汇票和解讫通知一并由汇款人自带，兑付行兑付汇票后此联作联行往账付出传票。

---

## 中国工商银行 银行汇票

| 付款期 壹个月 | 中国工商银行 银行汇票 | SSH 2 第 号 | IXI |

签发日期 贰零　　年　月　日（大写）　　兑付地点：　　兑付行：　　行号：

收款人：　　账号或地址：

汇款金额 人民币（大写）

实际结算金额 人民币（大写）　　千 百 十 万 千 百 十 元 角 分

汇款人：＿＿＿＿　　账号或地址：＿＿＿＿

签发行：＿＿＿＿　行号：＿＿＿＿

汇款用途：＿＿＿＿

签发行盖章

多余金额　百 十 万 千 百 十 元 角 分

科目(付)＿＿＿＿
对方科目(收)＿＿＿＿
兑付日期　　年　　月　　日
复核　　记账

（竖排）本汇票和解讫通知一并由汇款人自带，兑付行兑付汇票后此联作联行往账付出传票。

会计模拟实习

## 注 意 事 项

一、银行汇票和汇款解讫通知须同时提交兑付行,两者缺一无效。
二、收款人直接进账的,应在收款人盖章处加盖预留银行印章。收款人为个人的,应交验身份证件。
三、收款人如系个人,可以经背书转让给在银行开户的单位和个人,在背书人栏签章并填明被背书人名称;被背书人盖章后
持往开户行办理结算。

收款人盖章:

| 被背书人 | 被背书人 |
|---|---|
| 背　书 | |
| 日期　年　月　日 | |

身份证件名称、号码
及发证机关


## 注 意 事 项

一、银行汇票和汇款解讫通知须同时提交兑付行,两者缺一无效。
二、收款人直接进账的,应在收款人盖章处加盖预留银行印章。收款人为个人的,应交验身份证件。
三、收款人如系个人,可以经背书转让给在银行开户的单位和个人,在背书人栏签章并填明被背书人名称;被背书人盖章后
持往开户行办理结算。

收款人盖章:

| 被背书人 | 被背书人 |
|---|---|
| 背　书 | |
| 日期　年　月　日 | |

身份证件名称、号码
及发证机关

**11. 银行承兑汇票 2 张**

### 银行承兑汇票  2  XI

签发日期　年　月　日　　　第　号

| 收款人 | 全称 | | 承兑申请人 | 全称 | |
|---|---|---|---|---|---|
| | 账号 | | | 账号 | |
| | 开户银行 | 行号 | | 开户银行 | 行号 |

| 汇票金额 | 人民币（大写） | 千 百 十 万 千 百 十 元 角 分 |
|---|---|---|

| 汇票到期日 | 年　月　日 |
|---|---|

| 本汇票送请你行承兑，并确认《银行结算办法》和承兑协议的各项规定。<br>　　　　此致<br>　　承兑银行<br>　　　承兑申请人盖章<br>　　　　　　　　年　月　日 | 承兑协议编号　　　　　交易合同号码<br><br>科目(付)────────<br>对方科目(收)──────<br>转账<br>日期　　年　月　日 |
|---|---|
| 本汇票经本行承兑，到期日由本行付交。<br>　　承兑银行盖章<br>　　　　　　年　月　日 | 汇票签发人盖章<br>负责　　经办　　复核　　　记账 |

此联收款人开户行向承兑行收取票款时作联行往账付出传票

---

### 银行承兑汇票  2  XI

签发日期　年　月　日　　　第　号

| 收款人 | 全称 | | 承兑申请人 | 全称 | |
|---|---|---|---|---|---|
| | 账号 | | | 账号 | |
| | 开户银行 | 行号 | | 开户银行 | 行号 |

| 汇票金额 | 人民币（大写） | 千 百 十 万 千 百 十 元 角 分 |
|---|---|---|

| 汇票到期日 | 年　月　日 |
|---|---|

| 本汇票送请你行承兑，并确认《银行结算办法》和承兑协议的各项规定。<br>　　　　此致<br>　　承兑银行<br>　　　承兑申请人盖章<br>　　　　　　　　年　月　日 | 承兑协议编号　　　　　交易合同号码<br><br>科目(付)────────<br>对方科目(收)──────<br>转账<br>日期　　年　月　日 |
|---|---|
| 本汇票经本行承兑，到期日由本行付交。<br>　　承兑银行盖章<br>　　　　　　年　月　日 | 汇票签发人盖章<br>负责　　经办　　复核　　　记账 |

此联收款人开户行向承兑行收取票款时作联行往账付出传票

会计模拟实习　　375

| 被背书人 | 被背书人 | 被背书人 |
|---|---|---|
|  |  |  |
| 背书: | 背书: | 背书: |
| 日期　　年　月　日 | 日期　　年　月　日 | 日期　　年　月　日 |

| 被背书人 | 被背书人 | 被背书人 |
|---|---|---|
|  |  |  |
| 背书: | 背书: | 背书: |
| 日期　　年　月　日 | 日期　　年　月　日 | 日期　　年　月　日 |

## 12. 还款凭证 4 张

### （　　　贷款）还款凭证（回　单）　④

原借款凭证
单位编号：　　　　　　日期：　年　月　日　　原借款凭证银行编号：

| 借款单位 | 名　称 | | 付款单位 | 名　称 | 同　　左 |
|---|---|---|---|---|---|
| | 放款户账号 | | | 往来户账号 | |
| | 开户银行 | | | 开户银行 | |

计划还款日期　　　年　月　日　　还款次序　　　第　　　次还款

借款金额　人民币（大写）：　　　　　　|千|百|十|万|千|百|十|元|角|分|

还款内容

备注：　　　　　　　　　　上述借款已从你单位往来账户内转还　此致
　　　　　　　　　　　　　借款单位

　　　　　　　　　　　　　　　　　　　（银行盖章）　　年　月　日

此联转账后作回单，退借款单位并代往来户支款通知。

---

### （　　　贷款）还款凭证（回　单）　④

原借款凭证
单位编号：　　　　　　日期：　年　月　日　　原借款凭证银行编号：

| 借款单位 | 名　称 | | 付款单位 | 名　称 | 同　　左 |
|---|---|---|---|---|---|
| | 放款户账号 | | | 往来户账号 | |
| | 开户银行 | | | 开户银行 | |

计划还款日期　　　年　月　日　　还款次序　　　第　　　次还款

借款金额　人民币（大写）：　　　　　　|千|百|十|万|千|百|十|元|角|分|

还款内容

备注：　　　　　　　　　　上述借款已从你单位往来账户内转还　此致
　　　　　　　　　　　　　借款单位

　　　　　　　　　　　　　　　　　　　（银行盖章）　　年　月　日

此联转账后作回单，退借款单位并代往来户支款通知。

会计模拟实习

## (　　　贷款)**还款凭证**(回　单)　　④

原借款凭证
单位编号：　　　　　日期：　年　月　日　　原借款凭证银行编号：

| 借款单位 | 名　称 | | 付款单位 | 名　称 | 同　左 |
|---|---|---|---|---|---|
| | 放款户账号 | | | 往来户账号 | |
| | 开户银行 | | | 开户银行 | |

| 计划还款日期 | 年　月　日 | 还款次序 | 第　　　次还款 |
|---|---|---|---|

| 借款金额 | 人民币<br>(大写)： | 千百十万千百十元角分 |
|---|---|---|

| 还款内容 | |
|---|---|

备注：　　　　　　　　　　　上述借款已从你单位往来账户内转还　此致
　　　　　　　　　　　　　　借款单位

　　　　　　　　　　　　　　　　　　　（银行盖章）　年　月　日

此联转账后作回单，退借款单位并代往来户支款通知。

---

## (　　　贷款)**还款凭证**(回　单)　　④

原借款凭证
单位编号：　　　　　日期：　年　月　日　　原借款凭证银行编号：

| 借款单位 | 名　称 | | 付款单位 | 名　称 | 同　左 |
|---|---|---|---|---|---|
| | 放款户账号 | | | 往来户账号 | |
| | 开户银行 | | | 开户银行 | |

| 计划还款日期 | 年　月　日 | 还款次序 | 第　　　次还款 |
|---|---|---|---|

| 借款金额 | 人民币<br>(大写)： | 千百十万千百十元角分 |
|---|---|---|

| 还款内容 | |
|---|---|

备注：　　　　　　　　　　　上述借款已从你单位往来账户内转还　此致
　　　　　　　　　　　　　　借款单位

　　　　　　　　　　　　　　　　　　　（银行盖章）　年　月　日

此联转账后作回单，退借款单位并代往来户支款通知。

### 13. 本票申请书 2 张

---

**中国工商银行签发本票**
**申 请 书**（存 根） ①

申请日期　　年　　月　　日

受款单位或个人名称　　　　　　　　　　　　　　　　
申请签发 本票金额（大写）　　　　　　　　　　　　　
申请单位或个人名称　　　　　　　　　　　　　　　　
申请单位或个人地址（或账号）　　　　　　本票号码　　

申请单位或个人（签章或预留印鉴）　　银行出纳　　复核　　经办

此联由申请签发单位或个人留存，代替记账凭证。

---

**中国工商银行签发本票**
**申 请 书**（存 根） ①

申请日期　　年　　月　　日

受款单位或个人名称　　　　　　　　　　　　　　　　
申请签发 本票金额（大写）　　　　　　　　　　　　　
申请单位或个人名称　　　　　　　　　　　　　　　　
申请单位或个人地址（或账号）　　　　　　本票号码　　

申请单位或个人（签章或预留印鉴）　　银行出纳　　复核　　经办

此联由申请签发单位或个人留存，代替记账凭证。

会计模拟实习　381

**14. 工会经费缴款书 2 张**

### 行政拨交工会经费缴款书

缴款单位
电　话_____　　缴款日期：　年　月　日　　字第　　号

| 每月最后缴款日期：十五日 | 所属月份 | | 职工人数 | | | 上月工资总额 | | | | | | 按2%计应拨交经费 | | ￥ | | | | | | | 第四联　由缴款单位转交基层工会作为银行收账通知 |
|---|---|---|---|---|---|---|---|---|---|---|---|---|---|---|---|---|---|---|---|---|---|
| | 收入基层工会　工作费户 | | | | | 上解上级工会　工作费户 | | | | | | 缴款单位 | | | | | | | | | |
| | 户名 | | | | | 户名 | | | | | | 户名 | | | | | | | | | |
| | 账号 | | | | | 账号 | | | | | | 账号 | | | | | | | | | |
| | 开户行 | | | | | 开户行 | | | | | | 开户行 | | | | | | | | | |
| | 比例 | 万 | 千 | 百 | 十 | 元 | 角 | 分 | 比例 | 万 | 千 | 百 | 十 | 元 | 角 | 分 | 合计 | 十万 | 万 | 千 | 百 | 十 | 元 | 角 | 分 |
| | 60% | | | | | | | | 40% | | | | | | | | | | | | | | | | |
| | 合计金额 人民币（大写） | | | | | | | 上列款项已分别入有关工会账户　　　　　银行盖章 | | | | | | | | | | | | | |

### 行政拨交工会经费缴款书

缴款单位
电　话_____　　缴款日期：　年　月　日　　字第　　号

| 每月最后缴款日期：十五日 | 所属月份 | | 职工人数 | | | 上月工资总额 | | | | | | 按2%计应拨交经费 | | ￥ | | | | | | | 第四联　由缴款单位转交基层工会作为银行收账通知 |
|---|---|---|---|---|---|---|---|---|---|---|---|---|---|---|---|---|---|---|---|---|---|
| | 收入基层工会　工作费户 | | | | | 上解上级工会　工作费户 | | | | | | 缴款单位 | | | | | | | | | |
| | 户名 | | | | | 户名 | | | | | | 户名 | | | | | | | | | |
| | 账号 | | | | | 账号 | | | | | | 账号 | | | | | | | | | |
| | 开户行 | | | | | 开户行 | | | | | | 开户行 | | | | | | | | | |
| | 比例 | 万 | 千 | 百 | 十 | 元 | 角 | 分 | 比例 | 万 | 千 | 百 | 十 | 元 | 角 | 分 | 合计 | 十万 | 万 | 千 | 百 | 十 | 元 | 角 | 分 |
| | 60% | | | | | | | | 40% | | | | | | | | | | | | | | | | |
| | 合计金额 人民币（大写） | | | | | | | 上列款项已分别入有关工会账户　　　　　银行盖章 | | | | | | | | | | | | | |

会计模拟实习

## 15. 资产负债表 1 张

### 资产负债表

编制单位：　　　　　　　　　　　　　　____年____月____日　　　　　　　　　　　　　会企01表
单位：元

| 资产 | 期末余额 | 年初余额 | 负债和所有者权益（或股东权益） | 期末余额 | 年初余额 |
|---|---|---|---|---|---|
| 流动资产： | | | 流动负债： | | |
| 　货币资金 | | | 　短期借款 | | |
| 　交易性金融资产 | | | 　交易性金融负债 | | |
| 　应收票据 | | | 　应付票据 | | |
| 　应收账款 | | | 　应付账款 | | |
| 　预付款项 | | | 　预收款项 | | |
| 　应收利息 | | | 　应付职工薪酬 | | |
| 　应收股利 | | | 　应交税费 | | |
| 　其他应收款 | | | 　应付利息 | | |
| 　存货 | | | 　应付股利 | | |
| 　一年内到期的非流动资产 | | | 　其他应付款 | | |
| 　其他流动资产 | | | 　一年内到期的非流动负债 | | |
| 　　流动资产合计 | | | 　其他流动负债 | | |
| 非流动资产： | | | 　　流动负债合计 | | |
| 　可供出售金融资产 | | | 非流动负债： | | |
| 　持有至到期投资 | | | 　长期借款 | | |
| 　长期应收款 | | | 　应付债券 | | |
| 　长期股权投资 | | | 　长期应付款 | | |
| 　投资性房地产 | | | 　专项应付款 | | |
| 　固定资产 | | | 　预计负债 | | |
| 　在建工程 | | | 　递延所得税负债 | | |
| 　工程物资 | | | 　其他非流动负债 | | |
| 　固定资产清理 | | | 　　非流动负债合计 | | |
| 　生产性生物资产 | | | 　　负债合计 | | |
| 　油气资产 | | | 所有者权益（或股东权益）： | | |
| 　无形资产 | | | 　实收资本（或股本） | | |
| 　开发支出 | | | 　资本公积 | | |
| 　商誉 | | | 　减：库存股 | | |
| 　长期待摊费用 | | | 　盈余公积 | | |
| 　递延所得税资产 | | | 　未分配利润 | | |
| 　其他非流动资产 | | | 　所有者权益（或股东权益）合计 | | |
| 　　非流动资产合计 | | | | | |
| 　　资产总计 | | | 　负债和所有者权益（或股东权益）总计 | | |

## 16. 利润表 1 张

### 利润表

编制单位：　　　　　　　　　　　　　　____年____月　　　　　　　　　　　　　会企02表
单位：元

| 项目 | 本期金额 | 项目 | 本期金额 |
|---|---|---|---|
| 一、营业收入 | | 　其中：对联营企业和合营企业的投资收益 | |
| 减：营业成本 | | 二、营业利润（亏损以"－"号填列） | |
| 　　营业税金及附加 | | 加：营业外收入 | |
| 　　销售费用 | | 减：营业外支出 | |
| 　　管理费用 | | 　其中：非流动资产处置损失 | |
| 　　财务费用 | | 三、利润总额（亏损总额以"－"号填列） | |
| 　　资产减值损失 | | 减：所得税费用 | |
| 加：公允价值变动收益（损失以"－"号填列） | | 四、净利润（净亏损以"－"号填列） | |
| 　　投资收益（损失以"－"号填列） | | | |

会计模拟实习

# 十三、外购空白会计凭证、账页等（本书只提供样张）

## 1. 收入凭证 30 张（包括备用数，下同）

### 收入凭证
年　月　日

| 总号 | |
|---|---|
| 分号 | |

| 贷方科目 | | 摘　　要 | 金　额 | | | | | | | | | | √ | 附单据 |
|---|---|---|---|---|---|---|---|---|---|---|---|---|---|---|
| 会计科目 | 明细科目 | | 千 | 百 | 十 | 万 | 千 | 百 | 十 | 元 | 角 | 分 | | |
| | | | | | | | | | | | | | | |
| | | | | | | | | | | | | | | |
| | | | | | | | | | | | | | | 张 |
| | | | | | | | | | | | | | | |
| | | 合　　计 | | | | | | | | | | | | |

主管　　　　记账　　　　出纳　　　　复核　　　　制单

## 2. 付出凭证 120 张

### 付出凭证
年　月　日

| 总号 | |
|---|---|
| 分号 | |

| 借方科目 | | 摘　　要 | 金　额 | | | | | | | | | | √ | 附单据 |
|---|---|---|---|---|---|---|---|---|---|---|---|---|---|---|
| 会计科目 | 明细科目 | | 千 | 百 | 十 | 万 | 千 | 百 | 十 | 元 | 角 | 分 | | |
| | | | | | | | | | | | | | | |
| | | | | | | | | | | | | | | |
| | | | | | | | | | | | | | | 张 |
| | | | | | | | | | | | | | | |
| | | 合　　计 | | | | | | | | | | | | |

主管　　　　记账　　　　出纳　　　　复核　　　　制单

会计模拟实习

## 3. 转账凭证 110 张

### 转账凭证
年 月 日

| 总 号 | |
|---|---|
| 分 号 | |

| 摘要 | 借方科目 | | 贷方科目 | | 金额 | | | | | | | | | |
|---|---|---|---|---|---|---|---|---|---|---|---|---|---|---|
| | 一级 | 二级和明细 | 一级 | 二级和明细 | 百 | 十 | 万 | 千 | 百 | 十 | 元 | 角 | 分 | |
| | | | | | | | | | | | | | | |
| | | | | | | | | | | | | | | |
| | | | | | | | | | | | | | | |
| | | | | | | | | | | | | | | |
| | | | 合 计 | | | | | | | | | | | |

附件　　　张

财务主管　　　记账　　　复核　　　制单

---

## 4. 收料单 40 张

| 物资类别 | |
|---|---|

### 收 料 单

供应单位＿＿＿＿　付款方式＿＿＿＿　编号＿＿＿＿
发票号码＿＿＿＿　收料日期＿＿＿＿　收料仓库＿＿＿＿　日期　年 月 日

| 编号 | 名称及规格 | 单位 | 数量 | | 实际价格 | | 计划价格 | |
|---|---|---|---|---|---|---|---|---|
| | | | 交库 | 实收 | 单价 | 金额 | 单价 | 金额 |
| | | | | | | | | |
| | | | | | | | | |
| | | | | | | | | |
| | | 合计 | | | | | | |

财会部门主管　　　记账　　　保管部门主管　　　收料　　　制单

(四) 财管部门结账联

5. 凭证封面、封底各 7 张

## 凭 证 封 面

编号．．．．．．．．．．．．．．．．．

年　　月份

| 单 位 名 称 | |
|---|---|
| 凭 证 名 称 | |
| 册　　　数 | 第　　　　　　册共　　　　　册 |
| 起 讫 编 号 | 自第　　　　　号至第　　　　　号 |
| 起 讫 日 期 | 自　　年　　月　　日至　　月　　日 |

主管＿＿＿＿＿＿＿＿装订＿＿＿＿＿＿＿＿

## 抽 出 单 据 记 录

| 抽出日期 | | | 抽出单据名称 | 张数 | 抽出单据理由 | 抽取人签章 | 财务主管签章 | 附　注 |
|---|---|---|---|---|---|---|---|---|
| 年 | 月 | 日 | | | | | | |
| | | | | | | | | |
| | | | | | | | | |
| | | | | | | | | |
| | | | | | | | | |
| | | | | | | | | |
| | | | | | | | | |

**6. 账簿启用及接交表 3 张**

# 账 簿 启 用 及 接 交 表

| 单位名称 | | 印 鉴 | |
|---|---|---|---|
| 账簿名称 | （第　　　册） | | |
| 账簿编号 | | | |
| 账簿页数 | 本账簿共计　　　页（本账簿页数 检点人盖章　　　） | | |
| 启用日期 | 公元　　　年　月　日 | | |

| 经管人员 | 负责人 || 主办会计 || 复核 || 记账 ||
|---|---|---|---|---|---|---|---|---|
| | 姓名 | 盖章 | 姓名 | 盖章 | 姓名 | 盖章 | 姓名 | 盖章 |
| | | | | | | | | |

| 接交记录 | 经管人员 || 接管 ||| 交出 |||
|---|---|---|---|---|---|---|---|---|
| | 职别 | 姓名 | 年 | 月 | 日 盖章 | 年 | 月 | 日 盖章 |
| | | | | | | | | |
| | | | | | | | | |
| | | | | | | | | |
| | | | | | | | | |

| 备注 | |
|---|---|

## 9. 三栏式总账、明细账页 50 张

总第　　　页　分第　　　页

一级科目编号及名称……
二级科目编号及名称……

| 年 | | 记账凭证 | | 摘要 | 日页 | 借方 亿千百十万千百十元角分 | 贷方 亿千百十万千百十元角分 | 借或贷 | 余额 亿千百十万千百十元角分 |
|---|---|---|---|---|---|---|---|---|---|
| 月 | 日 | 种类 | 号数 | | | | | | |

会计模拟实习　399

总第……页　分第……页

———级科目编号及名称………
———级科目编号及名称………

| 年 | | 记账凭证 | | 摘要 | 日页 | 借方 | | | | | | | | | | 贷方 | | | | | | | | | | 借或贷 | 余额 | | | | | | | | | |
|---|---|---|---|---|---|---|---|---|---|---|---|---|---|---|---|---|---|---|---|---|---|---|---|---|---|---|---|---|---|---|---|---|---|---|---|
| 月 | 日 | 种类 | 号数 | | | 亿 | 千 | 百 | 十 | 万 | 千 | 百 | 十 | 元 | 角 | 分 | 亿 | 千 | 百 | 十 | 万 | 千 | 百 | 十 | 元 | 角 | 分 | | 亿 | 千 | 百 | 十 | 万 | 千 | 百 | 十 | 元 | 角 | 分 |

400　会计模拟实习

## 10. 横线登记式账页 8 张

### 材料采购明细账

页次⋯⋯⋯⋯ 总页⋯⋯⋯⋯

材料类别或名称

| 年 | | 凭证号数 | 收料单号数 | 发票号数 | 材料名称 | 计量单位 | 数量 | 实际成本 | | | | 计划成本 | | 材料成本差异 | |
|---|---|---|---|---|---|---|---|---|---|---|---|---|---|---|---|
| 月 | 日 | | | | | | | 发票价格 百十万千百十元角分 | 运杂费 百十万千百十元角分 | | 合计 百十万千百十元角分 | 单价 | 总额 百十万千百十元角分 | 超支 百十万千百十元角分 | 节约 百十万千百十元角分 |

# 材料采购明细账

页次……… 总页……
材料类别或名称………

| 年 | | 凭证号数 | 收料单号数 | 发票号数 | 材 料 名 称 | 计量单位 | 数量 | 实 际 成 本 | | | | 计 划 成 本 | | 材 料 成 本 差 异 | |
|---|---|---|---|---|---|---|---|---|---|---|---|---|---|---|---|
| | | | | | | | | 发票价格 百十万千百十元角分 | 运杂费 百十元角分 | 合计 百十万千百十元角分 | 单价 | 总额 百十万千百十元角分 | | 超支 百十万千百十元角分 | 节约 百十万千百十元角分 |
| 月 | 日 | | | | | | | | | | | | | | |

402　会计模拟实习

## 11. 三栏式日记账页 15 张

### 日记账

| 年 | | 记账凭证 | | 对方科目 | 摘要 | 总页 | 收入金额 百十万千百十元角分 | 付出金额 百十万千百十元角分 | 结存金额 百十万千百十元角分 |
|---|---|---|---|---|---|---|---|---|---|
| 月 | 日 | 种类 | 号数 | | | | | | |

会计模拟实习　403

# 日记账

| 年 | | 记账凭证 | | 对方科目 | 摘要 | 总页 | 收入金额 | | | | | | | | | 付出金额 | | | | | | | | | 结存金额 | | | | | | | | |
|---|---|---|---|---|---|---|---|---|---|---|---|---|---|---|---|---|---|---|---|---|---|---|---|---|---|---|---|---|---|---|---|---|---|
| 月 | 日 | 种类 | 号数 | | | | 百 | 十 | 万 | 千 | 百 | 十 | 元 | 角 | 分 | 百 | 十 | 万 | 千 | 百 | 十 | 元 | 角 | 分 | 百 | 十 | 万 | 千 | 百 | 十 | 元 | 角 | 分 |

## 12. 数量金额式账页 10 张

账号

页次

总页次

类别　　　　　编号　　　　　品名　　　　　规格　　　　　单位　　　　　最高存量　　　　　最低存量　　　　　存储地点

| 年 | | 凭证 | | 摘要 | 收入 | | | 发出 | | | 结存 | | |
|---|---|---|---|---|---|---|---|---|---|---|---|---|---|
| 月 | 日 | 种类 | 号数 | | 数量 | 单价 | 金额 十万千百十元角分 | 数量 | 单价 | 金额 十万千百十元角分 | 数量 | 单价 | 金额 十万千百十元角分 |

| 类别 | | | 编号 | | 品名 | | 规格 | | 单位 | | 最高存量 | | | | 最低存量 | | | | 存储地点 | | | | |
|---|---|---|---|---|---|---|---|---|---|---|---|---|---|---|---|---|---|---|---|---|---|---|---|
| 账号 | | | | | | | | | | | | | | | | | | | | | | | |
| 总页次 | | | | | | | | | | | | | | | | | | | | | | | |
| 页次 | | | | | | | | | | | | | | | | | | | | | | | |

| 年 | | 凭证 | | 摘要 | 收入 | | | | 发出 | | | | 结存 | | | |
|---|---|---|---|---|---|---|---|---|---|---|---|---|---|---|---|---|
| 月 | 日 | 种类 | 号数 | | 数量 | 单价 | 金额 十万千百十元角分 | | 数量 | 单价 | 金额 十万千百十元角分 | | 数量 | 单价 | 金额 十万千百十元角分 | |

# 后　　记

不少兄弟学校询问，你们的会计实验室是如何建立的？效果如何？打算怎样进一步完善？趁本书出版之际，谈谈我们的一些体会，权作答复。

## 一、会计实验室的设计思想

上海立信会计学院是以会计专业为主的财经类院校。会计原理与财务会计是财经专业的基础课和专业课，我校绝大多数毕业生的分配去向是工业企业。而工业企业内部分工较为合理，机构较为健全，经济事务带有普遍性，具有典型意义。鉴于上述理由，我们选择了工业企业为实验主体。这一实验主体应当具备什么条件呢？

### （一）真实性

我校曾搞过"大习题"，外校曾搞过"模拟实习题"，由于都缺乏真实性，所以学生反映"同课堂练习没有什么两样"，教师则认为"换汤不换药"。我们吸取了以往教训，把真实性作为实验主体的首要条件。我们认为，真实性主要包括以下两方面：

1. 实验主体的真实性。社会科学不同于自然科学，经济活动有自身的运动规律，任凭教师臆造，也不能造出一个工厂的全部真实的模型。因此，我们与上海某五金加工厂联系，该厂愿意提供他们的全部情况，其中有全厂的概貌、生产流程、产品品种、人员、工资、进货渠道、销售对象、开户银行和纳税情况等各种详细资料。

2. 实验资料的真实性。这也是区别于以往的"大习题"、"模拟实习题"的主要一环。我们收集了该厂的有关原始资料，用复印、扫描的办法，把资料原封不动地展示给学生。教师和学生都认为"真是百闻不如一见、一见不如一做"。

### （二）典型性

我国，特别是上海，工业加工企业占大多数。为适应这一现状，我们决定以机械加工企业作为实验主体。通过这一典型的企业，让学生了解加工企业一般的生产流程和与之同步的信息流程，从而确定会计的核算方式。为了让原始资料更具有典型性，我们精简了大量的重复内容，设计了能包括教科书中介绍的大部分会计核算程序的账表，突出了成本计算的难点和核对勾稽关系的重点，使学生通过一个企业资料的实验，学到多方面的经验，锻炼实际操作的技能。

### （三）完整性

工业企业的经济活动一般以月度为一个结算时期，为了让学生懂得，在一个结算期内完整的经济事务的一般规律，我们提供了一个月的完整资料。

完整性还应当包括经济事项处理的全面性。我们将一个月的经济事项分别与供销、劳动工资、生产计划、车间和销售等内部机构以及银行、财政、税务、工厂、商店和运输等外部单位相联系。有了完整性，学生才会真正体会资金运动就像人的血液循环，信息的传递要及时、准确，才会体会企业内部机构和外部机构的分工与协作。有了完整性，从时间上（二周至三周）能使学生较快地完成一个结算循环，从空间上（一个至二个教室）能使学生在现有的资料中掌握比较综合的知识。

### (四) 阶段性

根据会计专业毕业生的分配去向，我们特别注意务实能力的培养，因此，我们采取分阶段实验的方法。

第一阶段：针对一年级学生。他们初步学过会计原理，但对社会实际接触甚少。我们分别在"凭证"章节、"账簿"章节讲解结束后，着重操练他们如何填制凭证和登录账簿，这大约花一周时间。经济事项由教师编写，而凭证，账簿都是真实的。经过"簿记实验"为第二阶段打下扎实的基础。

第二阶段：针对毕业班学生。他们已经学完了大部分专业课。对毕业后的工作处于既新鲜又担忧的心理，渴望接触实际的事务。我们采取停课实验的方法，用二至三周的时间，将原始凭证、账册和报表全部发下去，学生二至四人一组，组内分工，相互轮流，按照指定的经济事项及要求，及时、准确地完成整套会计核算，最后装订成册，由实验教师审核，通过答辩。

由于原始资料是真实的，各种凭证、账册是真实的，还配有会计科目章和装订工具等，学生与教师都感到"好像到了工厂里财务科一样"。由于配备了实验室工作人员及辅导教师，加上同学之间的互助，接触的经济业务面又广，使学生们切切实实学到了书本上学不到、学不好的东西。

## 二、效果评价

1. 毕业生所在单位实际能力情况的反馈综述。除极少数用人单位反映缺乏实际操作能力以外，绝大多数企事业单位对我校毕业生较为欢迎。

有的学生经过一个月左右就能适应工作，最快的甚至经过一星期的熟悉过程，就能胜任一般的会计业务。

2. 兄弟院校来访反映。自从我校建立了会计实验室以后，全国已有几十所财经院校的有关领导和教师不断来访。据他们反映，我校实验室是花了大量的心血，做了艰苦细致的工作的，是他们理想之中的东西。因此，纷纷要求订购实验资料，有的邀请我们去指导，有的请我们替他们培训实验人员等等，总之，对我们反映良好，评价较高。

3. 上海立信会计学院会计实验室1989年获上海市高等学校"教学成果优秀奖"。

## 三、今后设想

1. 与教材同步的实验。为了更好地理解教材的内容，把理论与实践结合得更紧密，我们打算在有关章节授课结束，就让同学们进实验室操作。这样，教师也不会因为脱离实际而感到教学内容空洞、枯燥，学生也不会因为不了解实际而感到"摸不到边"。

2. 模拟工厂实验。一个经济实体，是社会经济的细胞，了解细胞，对于了解全体是极其重要的。我们准备把现有的实验室分割成一个工厂的各个职能机构，分别让学生轮流实验。通过对一个工厂的信息流程的解剖，增强对学生信息传递的实际意识，切实体会工厂内部的经济事务处理关系。通过模拟工厂的轮流实验，学生们懂得了各种经济关系，这样对于学生走上工作岗位将带来很大的帮助。

3. 制作录像带。会计实验室毕竟只是模拟一个企业的经济业务，学生接触到毕竟还只是属于一般规律的东西，为了让学生接触面更广，多了解一些属于特殊性的东西，我们已着手编写会计教学的录像剧本。剧本将着重向学生展现具有代表性企业的生产、经营过程及信息传递过程，以此了解不同企业是怎样运用不同的方式来处理纷繁多样的经济事务的。正如公安、法律学校的学生一样，实际能力、实际经验的培养和积累是靠实际办案和分析案例学来的，我们财经专业的教学人员应当借鉴这方面经验。

本"后记"仅作引玉之砖，我们非常希望同兄弟院校经常交流，为提高学生的实践能力而共同努力。

编　者

2010.11